Tibetisch kochen

Tsering Mendrong

◆

Tibetisch kochen

Gerichte und ihre Geschichte

◆

Verlag Die Werkstatt · Edition d i á

Die Autorin

Tsering Mendrong, 1972 in Hardwar im indischen Bundesstaat Uttar Pradesh geboren, zählt zu jener Gruppe junger, engagierter Tibeter, denen die Pflege ihrer Kultur besonders am Herzen liegt. Sie führte in Dharamsala fünf Jahre lang das für seine reichhaltige tibetische Küche bekannte Shambala-Restaurant, einen der bekannten Anlaufpunkte vieler Indientouristen.

Bibliografische Information der Deutschen Bibliothek
Die Deutsche Bibliothek verzeichnet diese Publikation in der Deutschen Nationalbibliografie; detaillierte bibliografische Daten sind im Internet über http://dnb.ddb.de abrufbar.

Lotzestraße 24a, D-37083 Göttingen
www.werkstatt-verlag.de
Dieses Buch erscheint in der Reihe
»Gerichte und ihre Geschichte«
der Edition diá (www.editiondia.de)

Titelfoto und Fotos im Innenteil: Tsering Mendrong

Satz und Gestaltung: Verlag Die Werkstatt, Göttingen
Druck und Bindung: Westermann Druck, Zwickau

ISBN-10: 3-89533-520-7
ISBN-13: 978-3-89533-520-4

Inhalt

Tibet, das Dach der Welt

In den letzten Jahrzehnten hat die tibetische Kultur die Herzen vieler Menschen ergriffen. Das ist im Wesentlichen sicherlich Seiner Heiligkeit dem Dalai Lama, dem weltlichen und geistlichen Oberhaupt der Tibeter, zu verdanken, der mit seiner Lebensweise aus dem Geiste des Buddhismus viel Sympathie in der ganzen Welt erfahren hat. Zugleich aber liegt das Interesse an der tibetischen Kultur in einer generellen Faszination begründet, die von der buddhistischen Kultur ausgeht, die vielen Menschen auch im Westen neue Aspekte des Lebens und manchem gar einen neuen Zugang zum Leben selbst eröffnet hat. Ein noch wenig beachteter Teil dieser Kultur ist die tibetische Küche, die heute mit zahlreichen Spezialitäten-Restaurants auch in den deutschsprachigen Ländern immer mehr Zuspruch findet. Das vorliegende Buch will Sie in die Vorzüge und Besonderheiten der tibetischen Küche einweihen und Ihren Speiseplan um einige nicht schwer herzustellende, aber köstliche Gerichte bereichern.

Unsere Speisen sind einfach, herzhaft und köstlich und schmecken am besten, wenn man sie mit der Familie oder in einer Runde von Freunden zubereitet und zu sich nimmt. Sie dienen deshalb nicht nur dem kulinarischen Genuss, sondern auch immer der Geselligkeit und dem gemütlichen Miteinander.

»Tibetisch kochen« verspricht damit eine kulturelle Begegnung und ein kulinarisches Erlebnis der besonderen Art.

Viel Freude und guten Appetit – *Zhelag nyebo chöronang!*

Land und Leute

Zur Geografie

Die tibetische Hochebene umfasst eine Fläche von mehr als 2,2 Millionen Quadratkilometer und ist damit fast dreimal so groß wie die Bundesrepublik Deutschland. In diesem Gebiet lebten früher fast ausschließlich die etwa 6 Millionen Tibeter oder Angehörige tibetischstämmiger Volksgruppen. Traditionell war das Land in die drei Regionen Zentral- (Ü-Tsang), Ost- (Kham) und Nordosttibet (Amdo) unterteilt. Seit der gewaltsamen Eingliederung Tibets in die Volksrepublik China wird Zentraltibet und der westliche Teil Osttibets durch die Autonome Region Tibet verwaltet, Ost- und Nordosttibet unterstehen den chinesischen Provinzen Sichuan, Yunnan, Qinghai und Gansu.

Kennzeichnende geografische Merkmale Tibets sind seine extreme Höhenlage, seine kühlen Temperaturen und die Aridität weiter Landesteile. Die mittlere Höhe der in Ackerbau bewirtschafteten Täler beträgt – kontinuierlich von West nach Ost abfallend – etwa 4.400 bis 3.000 Meter. Nur nach Norden hin, in Amdo, sinkt ihr Niveau auf bis zu 2.200 Meter. Auf den Hochebenen siedeln die Nomaden in Höhen zwischen etwa 4.300 und 5.000 Meter. Dort kann das Thermometer in strengen Wintern bis auf minus 50° C fallen. Im Spätherbst und im Frühling können Winde den Menschen bisweilen das Leben schwer machen. Den Großteil des Jahres werden sie tagsüber allerdings vom Sonnenschein verwöhnt.

Wenn das Leben in Tibet auch nicht immer einfach ist, hat es aber doch viele schöne Seiten. Der sich im Süden auftürmende Himalaja verhindert mit seinen zahlreichen Bergspitzen wie dem Mount Everest (8.850 Meter), dass Wolken vom indischen Subkontinent bis nach Tibet ziehen. So herrscht, abgesehen vom sommerlichen Monsun in West- und Zentraltibet, ein sehr trockenes, in weiten Teilen Osttibets hingegen aufgrund der niedrigeren Lage und der zahlreichen Niederschläge schon beinahe subtropisches Klima.

So vielfältig wie die landschaftlichen und klimatischen Gegebenheiten ist auch die Vegetation der einzelnen Landesteile. Deshalb bringt das tibetische Hochplateau eine weitaus größere Vielfalt an Gerichten hervor, als allgemein angenommen wird. Müssen die Menschen im westlichen und zentralen Tibet ihren Speiseplan zwangsläufig an die Möglichkeiten der kargen Vegetation anpassen, ist der Tisch im osttibetischen Raum mit den unterschiedlichsten Obst- und Gemüsesorten reich gedeckt.

Nomadentum und Ackerbaugesellschaft

Geprägt wird das Leben der Menschen auf dem tibetischen Hochplateau durch zwei unterschiedliche Wirtschaftssysteme, die jeweils weitgehend unabhängig sind, einander jedoch ergänzen und in regem Austausch stehen. In den weitläufigen Hochlagen wird ausschließlich nomadische Viehwirtschaft mit Yaks, Schafen und Ziegen betrieben. In den tiefer gelegenen Flusstälern herrscht hingegen der Ackerbau vor. Diese beiden Wirtschaftsformen sind Ausdruck zweier fundamental unterschiedlicher Lebensräume, zweier eigenständiger, komplementärer Geosysteme, die von dem französischen Tibetreisenden André Giubaut treffend als »obere« und »untere Welt« bezeichnet wurden.

Die »obere Welt«

Die lichtdurchfluteten, weitläufigen Hochebenen mit ihren ineinander fließenden, weichen Konturen, ihren tiefblauen Seen und von keinem Zaun und keiner Grenze durchbrochenen endlosen Weiden, mit ihren in großen Herden lebenden, frei laufenden Yaks, Dris, Schafen und Ziegen bilden die Welt der Nomaden. Schon landschaftlich in starkem Kontrast zur vergleichsweisen Enge der Ackerbauregionen stehend, verläuft das Leben dort in einem Gefühl endloser Weite und zeitloser Ewigkeit. In diesem Lebensraum liegt die Wurzel des tief sitzenden Freiheitsgefühls und der auf Unabhängigkeit angelegten Lebensweise der Tibeter: auf dem Boden zu stehen und in Höhen zwischen 3.900 und 4.800 Meter doch dem Himmel nahe zu sein, in Zelten zu leben und härtesten klimatischen Bedingungen zu trotzen, dem zyklischen Verlauf der Jahreszeiten mit der immer gleichen Abfolge von Lagerplätzen zu folgen, eingebunden in einer vom Clan- und Stammeswesen geprägten Gemeinschaft, in der jeder den ihm gemäßen Platz einnimmt. Verlassen wurde dieser Raum traditionell nur für kurze Zeit, wenn die Männer im Herbst die tiefer gelegenen Regionen aufsuchten, um dort ihre Produkte – Fleisch, Felle, Wolle und das aus den Salzseen geborgene Salz – gegen Gerste, getrocknete Früchte, Zucker, Tee, Kupfer- und Messinggeschirr, Waffen und Munition, Weihrauchstäbchen, Zigaretten und natürlich auch Schmuck, Steine und Perlen einzutauschen.

Die »untere Welt«

Im Gegensatz zur Welt der Nomaden, die von räumlicher Ungebundenheit geprägt ist und auf dem Prinzip der Einpassung des Menschen in den Naturkreislauf basiert, ist die »untere Welt«, die der sesshaften Ackerbauern, weitaus stärker durch die engen Grenzen ihres sich in den Flusstälern konzentrierenden Lebensraumes eingeschränkt. Die Scholle bildet hier die Existenzgrundlage. Gesiedelt wurde in den zentralen Landesteilen in Lehmbauten, in den abgelegenen, grenznahen Regionen sowie in der Nähe der Pässe bisweilen auch in mehrstöckigen Steinbauten, die wegen ihres wehrhaften Charakters Schutz vor Räubern und feindlichen Übergriffen boten. Gestärkt wird die Dorfgemeinschaft seit jeher durch gegenseitige Hilfestellung – besonders zur Erntezeit. Der Bedarf an Fleisch und Salz auf der einen und Tsampa

– zu Mehl verarbeitete, geröstete Gerste – auf der anderen Seite führte stets zu einem regen Austausch zwischen den beiden Welten. Bestand dieser Austausch auch in erster Linie aus dem lebensnotwendiger Naturalien, erfasste er doch auch fast alle anderen Lebensbereiche.

Naturalien als Zahlungsmittel

Mehr als vom Geld- hat Tibet in alter Zeit vom Tauschhandel gelebt. Salz, Wolle, Moschus, aber auch Heilpflanzen wie die berühmte Yartsa Gumbu waren überall gängige Tauschmittel. Seit dem 13. Jahrhundert wurden auch Gold- und Silbergewichte in Tibet als Zahlungseinheiten verwendet. Erst ab etwa dem 18. Jahrhundert setzte sich der Gebrauch von Münzen als Zahlungsmittel durch. Steuern wurden bis in die jüngste Zeit vor allem in Form von Naturalien, besonders Getreide, erhoben. Dabei spielte das so genannte Khäl eine prominente Rolle, ein Hohlmaß für etwa 15 Kilogramm Getreide, das in verschiedenen Regionen Tibets auch in anderen Größen existierte. Dessen Wert konnte aber auch in Münzen gezahlt werden. Ein weit verbreitetes Zahlungsmittel in der tibetischen Wirtschaft, die bis in die jüngste Zeit stark vom Tauschhandel bestimmt war, bildeten darüber hinaus Teeziegel, Butter, Käse oder Karkassen von Schafen und Rindern – »Karkasse« bezeichnet hier den ganzen Körper oder Rumpf eines geschlachteten Tieres.

Die tibetische Esskultur

Getreide – traditionell vor allem Gerste – bildet das eigentliche Grundnahrungsmittel der Tibeter, Fleisch- und Milchprodukte stellen eine unerlässliche Ergänzung dar. Reis wird lediglich in niedriger gelegenen Regionen im Süden Tibets angebaut und zum Großteil importiert. Obst und Gemüse wurden früher im zentraltibetischen Raum relativ wenig verzehrt, da ihr Anbau schwierig war. Aufgrund des sozialen und kulturellen Wandels spielen sie jedoch heute mehr und mehr eine wichtige Rolle in der Ernährung. Möglich wurde das durch Gewächshäuser, die in den letzten Jahrzehnten Einzug in Tibet hielten. Aber auch die Landsleute, die heute in den Ländern südlich der Himalajakette und im Westen leben, ergänzten ihre Ernährung mit Obst und Gemüse, so dass diese heute einen festen Bestandteil tibetischer Mahlzeiten bilden.

Den unterschiedlichen vegetativen Gegebenheiten folgend, weist die tibetische Küche eine große Bandbreite auf und hat durch den verstärkten Kontakt mit der modernen Zivilisation – vor allem durch China und den indischen Subkontinent – zahlreiche neue Einflüsse erfahren.

Die Küche

Wie in allen Kulturen standen auch in Tibet die Küchenausstattung sowie Art und Anzahl der Einrichtungsgegenstände traditionell in unmittelbarem Verhältnis zur sozialen Stellung des Einzelnen. Die Ärmsten besaßen nicht viel mehr als das notwendigste Ess- und Kochgeschirr. Ihr Leben spielte sich gewöhnlich in einem einzigen Raum ab, in dem gekocht, gewohnt und geschlafen wurde. Die großen und kleinen Bauern – auf Tibetisch gewöhnlich als »die mit dickem Rauch« und »die mit dünnem Rauch« bezeichnet – besaßen eigene Küchen mit reichem Kochgeschirr, während der Adel auf seinen Gutshöfen und in seinen Residenzen oft über mehrere luxuriös eingerichtete Küchen verfügte, deren besondere Zierde aufwändig und kunstvoll gestaltetes Koch- und Essgeschirr bildete.

Die nomadische Zeltküche

Die Notwendigkeit, jahreszeitlich bedingte weite Wanderungen zu den verschiedenen Weideplätzen unternehmen zu müssen, hat die Nomaden stets dazu veranlasst, sich auf das Notwendigste zu beschränken. Sie ersparen sich deshalb bis heute meist den Transport von Öfen und bauen sich in der Regel an ihren Lagerplätzen in ihren berühmten schwarzen Zelten aus Lössboden gefertigte neue Öfen, die eine Länge von bis zu zwei Meter, eine Höhe von etwa 80 Zentimeter und eine Breite von 40 Zentimeter besitzen können. Sie werden an der Stirnseite, die zur Zeltöffnung weist, beheizt und erzeugen eine relativ große Wärme. Die auf verschiedenen abgestuften Niveaus auf gusseisernen Rosten platzierten Töpfe lassen sich so leicht und gut erwärmen. Nur wenig oberhalb des Ofens hängt gewöhnlich an einer Schnur das Fleisch zur Trocknung. Der Rauch entweicht durch eine Öffnung an der Spitze des Zeltes. Die Nahrungsmittelvorräte – Gerste, Tsampa und Butter – lagern in Säcken aus Leder oder festem Stoff an den Zeltwänden. An der Rückwand stehen mit Deckeln versehene Holzkisten, in denen auch das Geschirr aufbewahrt wird. Wassergefäße, Melkkübel und Schüsseln sind auf der linken Seite untergebracht, die den Frauen zugedacht ist. Die tibetische Frau ist in der Regel »Herr des Hauses« und damit in gewisser Weise der Verwalter, auch der des Geldes. Der tibetische Mann ist für das Einkommen, also den Handel und die Feldarbeit, zuständig. Schon immer aber gab es unter den Tibetern auch Paare, bei denen der Mann kochte.

Küche, Ess- und Wohnräume der sesshaften Bevölkerung

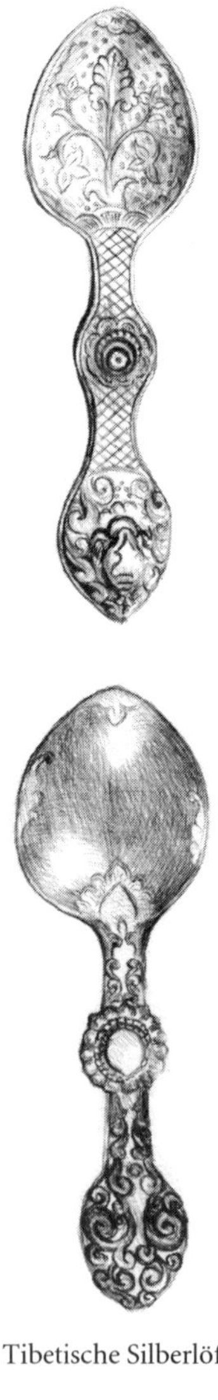

Tibetische Silberlöffel

Da die tibetischen Häuser früher häufig keinen Kamin besaßen, förderte man den Rauchabzug durch zwei relativ schmale, rechteckige, horizontale Öffnungen, die an je zwei Seitenwänden eingelassen waren. In den Küchen war es so meist relativ dunkel und zugig. Erhellt wurde der Raum von einigen Butterlampen und dem Herdfeuer. In der Mitte des Raumes stand meist der aus Lehm gefertigte Herd. Neben einem kleineren Tisch als Arbeitsfläche fanden sich früher an den Seiten Regale und einige Schränke, die das funkelnde Kochgeschirr enthielten, das, besonders in wohlhabenderen Haushalten, ständig gründlich geputzt wurde. Geprägt wird die Atmosphäre der Küche auch heute noch durch umfangreiche Vorräte an Butter und Tsampa, die in Lederbeuteln oder aus Yakhaar gewebten Säcken an den Wänden aufbewahrt werden.

Im Essraum finden sich mehrere Liegen, die auch bei ärmeren Tibetern stets mit Teppichen bedeckt sind. Mit farbenfrohen Mustern und den typischen Symbolen der tibetischen Kultur wie den »acht Glückszeichen« versehen, verleihen sie dem Raum eine freundliche, einladende Stimmung. Vor den Liegen stehen etwa 50 Zentimeter hohe, mit kunstvollen Schnitzereien versehene, reich bemalte Tischchen. Gedeckt werden sie je nach Speiseplan mit Schalen oder flachen Tellern. Als Besteck dienen traditionell nur Stäbchen, Messer und Löffel. Erst in jüngerer Zeit hält die Gabel zunehmend Einzug in die tibetischen Haushalte. Gewöhnlich sitzen die Tibeter mit gekreuzten Beinen auf den Liegen. Sie beugen sich entweder über den herangerückten Tisch oder nehmen die Schale in die Linke und essen mit der Rechten daraus. Wohlhabendere Tibeter und der Adel besaßen natürlich umfangreiche Gemächer mit Ess- und Wohnräumen und mehreren Schlafzimmern.

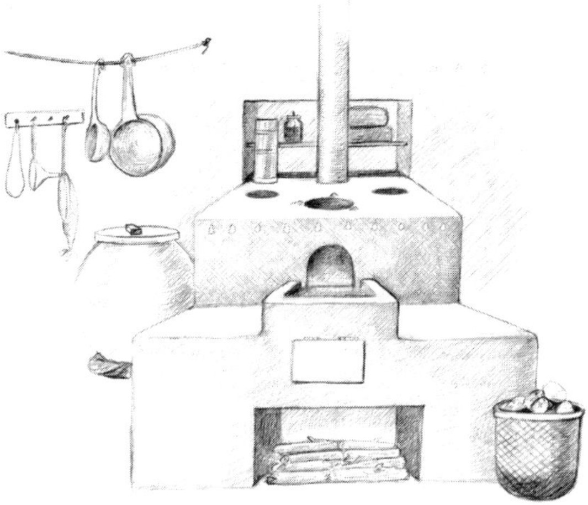

Der Herd

Die einfachste tibetische Kochstelle besteht aus drei etwa gleich hohen, in einem Dreieck angeordneten Steinen, in deren Mitte ein Feuer brennt, traditionell natürlich entzündet mit Feuerstein und Zunder. Diese elementare Form des Herdes wird von den Tibetern bei Ausritten in die Umgebung ihres Hauses oder auf Reisen benutzt. In den Häusern selbst wird dagegen stets ein Lehmherd mit bis zu fünf Kochstellen verwendet.

Dieser besitzt zwar nur eine einzige Feuerstelle (die Asche fällt durch einen Rost nach unten), aber von der Feuerstelle führen bis zu fünf Luftkanäle nach oben. Die Oberfläche des Herdes ist aus Lehm und besitzt mehrere kreisrunde Öffnungen; in diesen Kochstellen steht ein eiserner Dreifuß, auf den die Töpfe zur Erhitzung gestellt werden. Wird eine Feuerstelle nicht gebraucht, wird der Dreifuß einfach aus der Feuerstelle genommen und der Kochtopf oder eine Teekanne fest in die Öffnung gedrückt, so dass keine heiße Luft mehr entweichen kann. Die Hitze wird so dort gebündelt, wo sie gebraucht wird. Benutzt werden kann der Lehmherd das ganze Jahr über. Da er jedoch relativ wenig Hitze abgibt, die den Raum erwärmen könnte, stellten die meisten tibetischen Haushalte in der kalten Jahreszeit zusätzlich einen eisernen Herd auf, der traditionell nur über eine einzige Kochstelle verfügte, heute aber auch mit größeren Ausmaßen zu finden ist. In Adelshäusern wurde früher in kalten Jahreszeiten abends auch ein mit Schafdung *(Rilma)* gefüllter Topf aus gebranntem Ton auf die Feuerstelle gestellt, der so weit erhitzt wurde, dass der Dung am Boden zu brennen begann. Da er aufgrund der mangelnden Luftzufuhr die ganze Nacht über vor sich hin kokelte, verlieh er dem Schlafraum eine angenehme Wärme. Erst nach und nach werden heute in den größeren Städten Häuser errichtet, die über einfache Heizsysteme verfügen. Viele Tibeter begnügen sich noch immer mit ihren warmen Felldecken.

Angefacht wurde das Feuer in den großen Lehmöfen mit Blasebälgen aus Ziegen-, seltener auch aus Schaffellen. Da es im zentraltibetischen Raum nur wenig Bäume gibt, werden die Öfen zumeist mit getrocknetem Yak- oder Schafdung geheizt, den die Kinder vor allem in der wärmeren Jahreshälfte sammeln, sowie mit Wurzeln und Zweigen von niedrigen Büschen (beispielsweise Jumo, Pamo, Tsherma oder Päna), die in vielen Teilen Tibets reichlich wachsen und im Herbst, nach der Ernte, geschnitten werden. Kerosin, aus Indien importiert, wurde schon früher höchstens als alternatives Brennmittel für die Butterlampen verwendet und dann auch nur in den reicheren Haushalten. Heute setzen die Tibeter zumindest in den Städten vermehrt auch Gas und Elektrizität als Heizenergie ein.

Kochutensilien

Töpfe, Kannen, Gefäße und Dosen in den unterschiedlichsten Größen und aus den verschiedensten Materialien werden in der tibetischen Küche verwendet. Von besonderer Größe – oft bis zu 25 Liter fassend – sind die Holzbütten, mit denen die Frauen täglich nahe gelegene Quellen aufsuchen, um dort Wasser zu holen.

Haben sie diese mit ihren kurzstieligen großen Kellen gefüllt, tragen sie die Bütten auf dem Rücken wieder zurück. Dort wird das Wasser dann in Kupferkannen gefüllt, die zum Teil fest eingebaut sind und in reichen Haushalten nicht selten mehrere Hundert Liter Wasser zu fassen vermögen. Auf dem Herd werden Kochtöpfe aus Eisen oder Messing, gelegentlich auch aus Ton verwendet. Die Kochtöpfe sind meist schlicht gehalten, weisen jedoch nicht selten Inschriften oder einfache Ornamente und auf dem Boden Gravierungen tibetischer Symbole wie der »acht Glückssymbole« auf. Pfannen wurden traditionell nur selten verwendet, erfreuen sich aber zunehmender Beliebtheit.

Je nach Reichtum verfügen die Haushalte über eine unterschiedliche Zahl an Schöpfkellen, die – häufig auch in einfachen Haushalten – feine Ziselierungen aufweisen. Oft über Generationen in Gebrauch, werden sie stets sorfältig mit einem Gemisch aus Asche und Sand geputzt und mit Tüchern poliert. Sind sie doch neben den spiegelblanken Töpfen und Kannen als wesentliche Teile des Kücheninventars die Zierde einer jeden Küche.

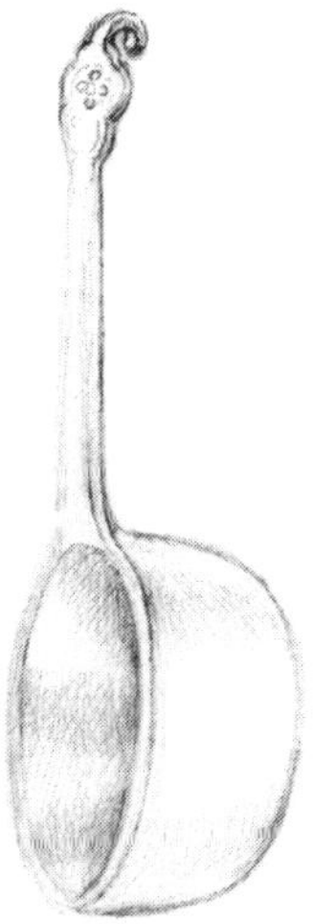

Vor allem aus Holz gefertigte Gefäße dienen der Aufbewahrung von Tsampa, gelegentlich auch von Butter und Käseprodukten. Die besseren sind aus kostbarem, beständigem Wurzelholz *(Dzabiju)*. In jüngerer Zeit werden sie auch mit ornamentalen Motiven bemalt und lackiert. Aus den Ländern des Himalajagürtels importierte, kunstvoll geflochtene Körbchen mit passenden Deckeln aus Flechtwerk dienen in den verschiedensten Größen der Aufbewahrung von getrocknetem Obst, Reis und Zucker, auf Reisen auch der von Trockenfleisch und Käse.

Nahezu unentbehrlich war in den meisten Haushalten, besonders in der osttibetischen Region Kongpo und im südlichen Tibet, ein Mörser zur Zerkleinerung von Chili.

Essgeschirr und Besteck

Das Essgeschirr – mehr oder weniger flache Teller, vor allem aber Näpfe, Schüsseln, Schalen und Teeschalen – wurde früher aus Holz geschnitzt oder gedrechselt, bisweilen auch aus Ton oder Leder gefertigt und lackiert. Entsprechend der Familien- oder Dorftradition, wurde diese Fertigkeit von Generation zu Generation weitergegeben. Wer es sich leisten konnte, aß aus hochwertigen, aus China importierten Porzellanschalen. Chinesisches Porzellan wird heute natürlich immer mehr verwendet. Stäbchen schnitt man sich früher entweder selbst oder importierte sie aus den holzreichen Regionen und Ländern des Südens. Der Adel leistete sich bisweilen gar Stäbchen aus Elfenbein mit Silberbeschlägen.

Unentbehrlich für die meisten Mahlzeiten war und ist ein Löffel. Um ihn stets dabeizuhaben, hängten Kinder und ärmere Leute sich ihn früher einfach um den Hals. Benutzt werden Löffel für alle heißen und flüssigen Speisen. Jeder, der schon einmal in Tibet war, weiß, dass die Tibeter es lieben, die Suppe möglichst heiß unter lautem Schlürfen direkt aus der Schale zu trinken. Das verstärkt den Geschmack und wärmt den Körper, besonders in kalten Jahreszeiten. Momos und andere Fleischgerichte sowie Gemüse nimmt man traditionell mit Stäbchen zu sich. Zum Verzehr von Obst benutzt man höchstens ein Messer.

Besonders genüsslich aber ist für Tibeter das Essen mit der Hand. Von den großen, am liebsten noch warm gegessenen Dampfnudeln *(Tingmo)* reißt man sich immer wieder größere Stücke ab, um sie zu heißen Speisen zu essen – ähnlich wie das in Deutschland bisweilen mit Brot gemacht wird. Eine besondere Bedeutung bei der Zubereitung von Tsampa kommt der »Handarbeit« zu, da es noch in der Schale ausgiebig geknetet werden muss, um seine richtige Konsistenz zu erreichen.

Teegenuss

Teegenuss war in Tibet keine Kunst wie in Japan, der Tee aber dennoch ein Lebenselixier, das jeder täglich in reichlichen Mengen genoss und genießt. Die aus Holz gedrechselten Teeschalen werden von den Tibetern traditionell in einer Bauchfalte ihres Mantels *(Chupa)* bei sich getragen. Besonderer Wertschätzung erfreuen sich die Schalen aus einem speziellen Wurzelholz namens Dzabija, das aus den waldreichen Regionen Osttibets und Bhutans stammt. Sie weisen eine einzigartig glatte Oberfläche mit einer eindrucksvollen Maserung auf sowie eine ausgewogene und häufig individuelle Form, die mit der natürlichen Beschaffenheit des Rohmaterials korrespondiert. Sie liegen wunderbar in der Hand, und es lässt sich angenehm aus ihnen trinken. Natürlich ist ihre Herstellung mit viel Aufwand verbunden, so dass sich nicht jeder eine solche Schale leisten kann. Aufwändig gearbeitete Teeschalen sind oft mit Silber ausgeschlagen, da sie sich dann besser reinigen lassen. Der Adel und hochrangige Lamas vermochten sich auch dazugehörige, von Silberschmieden gefertigte Ständer und Deckel zu leisten, die mit heiligen Silben oder Motiven der tibetischen Mythologie verziert waren. Die kostbarsten, aus China importierten Teeschalen bestehen traditionell aus weißer Jade. Gemeinsam ist allen, dass sie keinen Henkel besitzen, bisweilen aber einen Deckel, der das Aroma erhalten und Verschmutzungen vorbeugen soll.

Die besten Teeschalen aber sind die aus hochwertigen Metalllegierungen oder Silber, die üblicherweise nur an Feiertagen oder zur Bewirtung von Gästen benutzt werden. Die Silberschmiede der osttibetischen Provinz Derge gelten bis heute als die besten und sind gerade für die Herstellung von Teegeschirr bekannt.

Das normale, dem täglichen Gebrauch dienende Teegerät ist oft aus Holz oder Ton, das bessere Gebrauchsgeschirr vielfach aus Messing.

Der Teemischzylinder

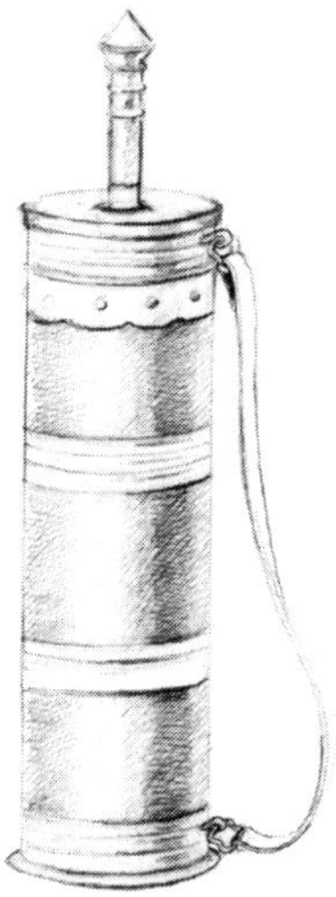

Das eigenständigste Utensil der tibetischen Küche ist fraglos der Teemischzylinder *(Dongmo)*, der für die Zubereitung des berühmten Buttertees benutzt wird. Eingesetzt wird er vor allem im zentraltibetischen Raum. Er besteht aus einem üblicherweise etwa vier Liter fassenden, häufig nach oben leicht konisch zulaufenden, etwa 80 bis 90 Zentimeter langen, runden Behälter, der aus zwei ausgehöhlten Baumstämmen zusammengesetzt ist. Zur Stabilisierung ist er meist von vier verzierten Messingringen eingefasst. Oben verschließt ihn ein mit einem Loch versehener Deckel, durch den der Quirl gesteckt wird, ein etwa 1,20 Meter langer runder Stock, an dessen unterem Ende sich eine hölzerne Scheibe befindet, deren Durchmesser etwa zwei Zentimeter geringer ausfällt als der Hohlraum des Zylinders. Durch 15 bis 20 kräftige Auf- und Abbewegungen erhält der Buttertee seine erforderliche Emulsion.

Die Klosterküche

Es gehört nicht zum Allgemeinwissen, dass tibetische Mönche im Prinzip Selbstversorger sind. Sie kochen für sich und beschaffen sich die dafür notwendigen finanziellen Mittel üblicherweise durch Gebete für Bauern und Nomaden oder durch Rituale, die die soziale und finanzielle Entwicklung dieser Familie begünstigen sollen. Dafür erhalten sie kleinere Geldbeträge oder Naturalien. Indem sie unterrichten, erwirtschaften sie weitere Mittel zur Finanzierung ihres Lebensunterhalts. Nur wenige ausgewählte Mönche wie der Abt, der Vorsinger oder einige in der Verwaltung tätige erhalten für ihre Dienste ein festes Gehalt.

Von den Klosterküchen werden die gewöhnlichen Mönche nur zu Zeiten der großen, bisweilen mehr als eine Woche dauernden rituellen Begehungen verköstigt, die sie zum Beispiel an Feiertagen wie dem Neujahrsfest *(Losar)* oder Buddhas Geburtstag *(Saga Dawa)* im Dienste

der Öffentlichkeit durchführen. Wer diese Klosterküchen betritt, wird dort mit deutlich anderen Dimensionen konfrontiert, als man sie von Privathaushalten kennt. Riesige, bisweilen mehr als zwei Meter im Umfang messende, fest eingebaute Kessel dienen der Zubereitung der Mahlzeiten, vor allem der Nudelsuppe *(Thugpa)*. Gleich mehrere Mönche machen sich bei diesen Gelegenheiten daran, in großen Teemischzylindern den unentbehrlichen Buttertee für die Mönchsgemeinschaft zu quirlen. Beides, Suppe und Tee, wird während der Pausen der oft tagelangen rituellen Verrichtungen genossen. Mit großen, reich verzierten Messingkannen laufen dann Novizen durch die Sitzreihen, um allen reichlich Buttertee einzuschenken.

Die tibetische Etikette

Freundlichkeit, Gastlichkeit, Großzügigkeit und Selbstlosigkeit bilden die Grundlagen der tibetischen Etikette. Sie wurzeln in der vom Buddhismus geprägten altruistischen Weltanschauung, die alles Ichbezogene und Selbstsüchtige als unangemessenes Verhalten betrachtet und alles idealisiert, das anderen Hilfe und Unterstützung bereitet. Diese Lebenseinstellung ist Grundlage der bekannten Offenheit und Herzlichkeit der Tibeter. Kombiniert mit der Vorstellung, dass allen im Leben eintretenden Ereignissen das Gesetz des Karma zugrunde liegt – demzufolge alles, das einem im Leben passiert, ein Resultat in früherer Zeit begangener Taten ist –, ist den Tibetern damit eine Lebenseinstellung eigen, die sie auch Verluste, Schicksalsschläge und Krankheiten relativ leicht verarbeiten lassen. Hat man mit erfahrenem Unheil jedweder Art doch auch immer wieder einen Teil der ohnehin unausweichlichen Folgen seines früheren Handelns hinter sich gebracht.

Höflichkeit und vornehme Zurückhaltung

Zu spüren bekommt diese Haltung zuerst der Gast. Beim Empfang wird ihm ein so genannter *Kathakh* überreicht, eine weiße Glücksschleife, die zum einen die Freude über den ehrenvollen Besuch zum Ausdruck bringen soll und zum andern die hohe Wertschätzung, die der Gast genießt. Betritt dieser ein Haus, sorgt man sich in jeder Weise um seine Bequemlichkeit und sein Wohlbefinden, sprich seine Verköstigung.

Die Bewirtung

Der Gast seinerseits wird die ihm schon bald gestellte Frage, ob er einen Tee trinken möchte, ganz nach dem Grundsatz, dass auch ein Gast vorbildlich zu sein hat, zunächst einmal mit einem höflichen »Nein danke!« *(Lamää)* ablehnen. Ohne sich davon beirren zu lassen, wird die Frau des Hauses den Tee auftragen. Sie schenkt ein und reicht dem Besucher als Ausdruck ihrer besonderen Hochachtung die Tasse mit beiden Händen. Dieser nimmt zunächst nicht mehr als einen kleinen Schluck und stellt die Tasse wieder ab. Die Hausfrau wird sogleich nachgießen und den Gast erneut zum Trinken auffordern. So wird er angehalten, zunächst dreimal einen kleinen Willkommensschluck zu genießen, bevor dem zügigen Ausleeren der Tasse nichts mehr im Wege steht. Solange der Gast trinkt, wird man ihm gerne nachschenken. Lässt er die gefüllte Tasse hingegen irgendwann stehen, ohne auch nur daran zu nippen, gilt das als Zeichen, dass er nichts mehr zu sich nehmen möchte. Ohne viele Worte wird die Tasse entfernt und vielfach Gerstenbier *(Chang)* angeboten.

Bei Tisch sollte man stets mit gekreuzten Beinen sitzen. Seine Beine lang auszustrecken gilt als unhöflich. Auch sollte man nie über Körperteile eines anderen hinwegsteigen, da der Körper jedes Menschen als die Konstitution der fünf Elemente gilt. Die Elemente – Erde, Wasser, Feuer, Luft und Äther – sind nach tibetischen Vorstellungen nicht nur die urtümliche grobstoffliche Ausprägung der Urmaterie, die so genannte »Leerheit«, sondern Daseinsbereiche unterschiedlicher übernatürlicher Wesen. Somit verletzt man schon durch das Hinwegsteigen über einen menschlichen Körper (teil) den Bereich der Götter, zumal die Strafe den Sitzenden treffen würde.

Auch bei Gebäck, das zum Tee gereicht wird, oder bei der Frage, ob er gerne ein Mahl möchte, wird der Gast dem Gebot der Höflichkeit folgend zunächst einmal dankend ablehnen. Durch insistierendes Nachfragen wird die Dame des Hauses aber schnell herausfinden, wie es um die Wünsche des Gastes wirklich bestellt ist, und entsprechend Gebäck *(Khabse)* reichen und dann ein Mahl vorbereiten.

Fragt man sich, was hinter dieser vornehmen Zurückhaltung steckt, ist es sicherlich zuerst

Vergnügen und Freude bereiten

die das ganze Leben des Tibeters bestimmende Grundhaltung, das Wohl des anderen sei letztlich wichtiger als das eigene. Darüber hinaus ist es aber auch das Bestreben, durch die besondere Gastlichkeit eine entspannte, gefällige Atmosphäre herzustellen, die allen – und damit auch dem Gastgeber selbst – Vergnügen und Freude bereitet. In den Augen der Tibeter besteht Lebenskunst darin, sich seines Lebens zu freuen, zu sitzen und zu schwatzen, Essen und Trinken zu genießen und so viele Feste wie möglich ausgiebig zu feiern. Nicht zufällig konnten Hochzeitsfeiern früher Wochen dauern. Auffällig ist aber auch eine andere Art der Zurückhaltung der Tibeter. Diese zeigte sich bei einem der bedeutendsten Ereignisse für die Lhasa-Aristokratie, den alljährlichen sommerlichen Aufführungen der tibetischen Lhamo-Oper im Norbu Lingka, dem so genannten »Juwelengarten« – einer großen Gartenanlage, die in der Zeit des 7. Dalai Lama entstand und die verschiedenen Sommerpaläste der späten Dalai Lamas umschließt. Köstliches Gebäck und allerlei tibetische Spezialitäten wurden auf großen Tafeln aufgetischt, um die Adelsgesellschaft während der ganztägigen, sich tagelang hinziehenden Opernaufführungen zu verköstigen. Doch niemand rührte die Tafel an, da man sich nicht die Blöße geben wollte, seinen Hunger zu zeigen. Wer vermochte schon ein angemessener Gast des Dalai Lama zu sein, so dass man hätte kosten können? Stattdessen ging man abends mit knurrendem Magen nach Hause.

Ganz ähnlich verlaufen solche Situationen bei den Nomaden: Der Gast bekommt den besten Platz im oberen Bereich des Zeltes zugewiesen, jenem rückwärtigen Teil, der dem Eingang gegenüber gelegen und damit am wärmsten ist und den besten Überblick über das Geschehen bietet. Einfache Tibeter werden ihm immer das höchste und beste Bett überlassen, auf dem natürlich auch der beste Teppich des Hauses liegt.

Die tibetischen Nahrungsmittel

Tsampa und Buttertee sowie Yak- und Schafsfleisch, Käse und natürlich der berühmte Buttertee sind die bedeutendsten Nahrungsmittel der Tibeter. Wildbret – Rehwild, Gazelle, Gemse und Moschustier – mögen den Speiseplan gelegentlich bereichern. Eher den Charakter von Zutaten besitzen Gemüse und Obst. Gerstenbräu *(Chang)* und Schnupftabak versüßen vor allem den Männern das Leben. Tabak, besonders der Genuss von Zigaretten, war früher offiziell verboten. Bei allen beliebt ist das tibetische Feingebäck *(Khabse)*, das in verschiedenen Zusammensetzungen und Formen besonders zum tibetischen Neujahr gereicht wird.

Yak-, Schafs- und Drifleisch

Untersuchungen, wie sie der Missionar Matthias Hermanns durchführte, der in den vierziger Jahren des 20. Jahrhunderts lange Zeit unter tibetischen Nomaden in Amdo lebte, haben gezeigt, dass Fleisch die Hauptnahrung der Nomaden bildet und ihr Fleischverzehr besonders im Winter sehr hoch ist. Das hat seine Ursache wohl darin, dass den Nomaden, wenn sie tief eingeschneit sind, oft gar nichts anderes übrig bleibt, als ihr Vieh, das kein Futter mehr zu finden vermag, zu schlachten und das Fleisch zu trocknen, um es zu konservieren. Verzehrt wird vor allem Schafsfleisch, da Schafe einfacher und schneller zu züchten sind als Yaks und Dris. Im Gegensatz zu Schafen, die auch schon mal mit zwei oder drei Jahren geschlachtet werden und auf den traditionellen Salztransporten in die Himalajaländer den Nepalesen und anderen als Schlachtvieh verkauft werden, werden Dris gewöhnlich nur in hohem Alter, wenn sie schon weit über zehnmal gekalbt haben, getötet. Drifleisch ist deshalb häufig ungleich zäher. Da die nomadisierenden Tibeter das Fleisch auch aus geschmacklichen Gründen nur halbwegs gar kochen, besitzen sie im Vergleich zu den sesshaften Tibetern weitaus ausgeprägtere Kaumuskeln und auch bessere Zähne. Im Sommer übertrifft die Kalorienaufnahme durch den Konsum von Tsampa, wie die amerikanischen Tibetologen Melvyn C. Goldstein und Cynthia Beall herausfanden, die durch den Genuss von Fleisch um bis zum Dreifachen. Nahezu 90 Kilogramm Tsampa verzehrte demnach ein Nomade im Jahr – im Schnitt etwa 250 Gramm täglich. Fleisch und Tsampa bestimmen die Ernährung der Nomaden, das heißt, sie essen kaum Obst und Gemüse.

Bei den sesshaften Tibetern, den Bauern, bestimmt eindeutig Tsampa den Speiseplan. Doch sie verzehren auch Fleisch in großen Mengen. Wie die Nomaden nehmen sie es überwiegend in gekochtem und getrocknetem Zustand zu sich. Daneben stellen sie auch eine vor allem aus Blut und Fleischstücken bestehende Blutwurst her. Der einfachere Zugang zu den Märkten und die Möglichkeiten der Lagerung und Konservierung von Nahrungsmitteln gewähren ihnen eine weitaus abwechslungsreichere Ernährung als ihren nomadisierenden Landsleuten.

Tsampa

Im Ofen gebackenes Brot war den Tibetern früher nicht bekannt. Sie stellten lediglich eine Art Fladenbrot aus gemahlener Gerste bei außergewöhnlichen Anlässen wie etwa Festen her. Stattdessen verzehren die Tibeter seit jeher in reicher Menge das Tsampa genannte Gerstenmehl.

Es wird aus einer sehr widerstandsfähigen Gerste (*Nä* oder *Dru*) gewonnen, die auf dem tibetischen Hochplateau in verschiedenen Sorten bis zu einer Höhe von etwa 4.300 Meter vorkommt und etwa 100 Tage zur Reifung benötigt. Daneben werden Weizen *(Dro)* und Grünkorn oder Dinkel *(Sowa)* angebaut, die etwas schneller wachsen und ebenfalls zu Tsampa

Schale mit Gerstenmehl (Tsampa)

zermahlen werden. Während Weizen nicht den Nährwert besitzt und also nur gelegentlich verzehrt wird, wird Grünkorn, da es einen relativ dicken Spelt und, zu Tsampa zermahlen, einen gräulich-braunen Farbton besitzt, vielfach als minderwertiges Tsampa betrachtet. »Weiß« ist die Farbe des guten Karmas und der Religion. Da sich in der Farbe eine ethische Qualität ausdrückt, wird es als höherwertig betrachtet; im osttibetischen Raum dient es deshalb auch als Tierfutter.

Schnelle und unkomplizierte Zubereitung

Tsampa wird mit heißem Tee und unter Beimengung von Butter und heute auch häufig etwas Zucker im »Handumdrehen« zu einer äußerst schmack- und nahrhaften Knetmasse. Gegessen wird es zu allen Tageszeiten. Seine schnelle und unkomplizierte Zubereitung versetzte Reisende in die Lage, mit nur kurzen Unterbrechungen am Tage weite Strecken zurückzulegen. Tibetischen Truppen ermöglichte es im Kriegsfall eine hohe Beweglichkeit, und auch den Räubern leistete es – am Sattel in einem kleinen Säckchen transportiert – gute Dienste, um sich nach einem Coup schnell wieder in die Weite der Berge oder in die dünn besiedelten Hochebenen davonmachen zu können.

Verwendung fand es natürlich auch in leichtem Gebäck (*Khabse*, Seite 144). Um die Nahrhaftigkeit weiter zu erhöhen, wird Tsampa gelegentlich auch Suppen in kleineren Mengen beigemischt. Es steht in dem Ruf, lange vorzuhalten, dem Körper große Kraft zu verleihen und aufgrund der ihm zugeschriebenen Reinheit auch einem scharfen und klaren Verstand zuträglich zu sein. Daher gilt es als ideale Nahrung für die Überwindung körperlicher Schwäche und die Erduldung der eisigen Temperaturen, die Tibet im Winter heimsuchen.

Tsampa wird in Tibet allmorgendlich von der Dame des Hauses frisch hergestellt. Dafür wird zunächst ein Topf auf dem offenen Feuer erhitzt.

Damit er nicht zerspringt, wird etwas Sand hineingegeben. Hat der Topfboden eine hohe Temperatur erreicht, werden etwa zwei bis vier Schalen Gerste darauf geschüttet. Aufgrund der Hitze platzt das Korn auf, sobald es in den heißen Sand fällt. Schon nach wenigen Sekunden werden Sand und Gerstenkörner zusammen in eine Worfel geschüttet, mittels derer der Sand durch Auf- und Abschwenken von den nun schon fast popcornartigen Gerstenkörnern getrennt werden kann. Die geröstete Gerste wird in einem Sack gesammelt und im nächsten Arbeitsschritt mit der Handmühle zermahlen. Um den Aufwand der Herstellung von Tsampa zu erleichtern, wird die Röstung der Gerste heute aber mehr und mehr in Gemeinschaftsarbeit vorgenommen. Den Mahlvorgang erledigt dann die Wassermühle.

Ganz wesentlich für ein gelungenes Tsampa ist, dass Mehl und Kleie zusammenbleiben und auch die Schalen der Gerste nach dem Röstungsprozess in feinste Partikel zermahlen werden und einen äußerst nahrhaften Bestandteil des Tsampa bilden. Die Zubereitung des Tsampa-Teigs *(Pak)* ist eigentlich einfach, erfordert aber ein wenig Geschick (Seite 132).

Butter

Neben Fleisch und Tsampa ist Butter das bedeutendste Grundnahrungsmittel der Tibeter. Gewonnen wird sie aus der Milch der Dris, der »Yakkühe«, und der Dzomos, einer Kreuzung aus Yak und Rind, die in den tiefer gelegenen Flusstälern gezüchtet werden. Letztere unterscheiden sich von den Yaks und Dris vor allem durch ihr kürzeres Haarkleid und ihren kurzhaarigen Kuhschwanz. Verglichen mit der Milch deutscher Kühe ist die Milch der Dris weitaus fetthaltiger und nahrhafter, wird allerdings auch schneller ranzig. Jeder, der schon mal in Tibet war, kennt den für europäische Nasen etwas penetranten Geruch, der in vielen tibetischen Häusern hängt. Die Tibeter selbst, von Geburt an an ihn gewöhnt, finden daran natürlich nichts auszusetzen: Um die Butter möglichst lange zu erhalten, wird sie in Ledersäcke eingenäht, wobei schon die Art des Leders erkennen lässt, ob es sich um Dri- oder Schafsbutter handelt. Selbst jahrzehntealte Butter besitzt für die Tibeter nichts Unappetitliches. Sie wird im Gegenteil sogar als besonders wertvoll erachtet. Benutzt man für die Zubereitung tibetischer Speisen Butter oder Margerine aus deutschen Supermärkten, haftet den Speisen diese spezifische Geruchsnote natürlich nicht an.

Große Wertschätzung und Nutzungsvielfalt

Abgesehen von den Speisen wird Butter aber auch in anderen Lebensbereichen vielfältig verwendet. Die große Wertschätzung, die man ihr beimisst, zeigt sich gleich nach der Geburt: Den Neugeborenen wird erst einmal ein Stückchen Butter in den Mund gesteckt – ein Willkommensgeschenk, das der Kräftigung und Stärkung dienen soll und den Wunsch nach einem gesunden, glücklichen Leben unterstreicht. Weil Butter als wertvolles Mittel mit Heilkraft gilt, wird sie auch Kranken stets in größeren Mengen in die Nahrung gemischt. Frauen wie Männer reiben sie sich als Schutz vor Sonne, Wind und Kälte ins Gesicht. Im medizinischen Bereich gilt die Butter den Tibetern schon beinahe als Allheilmittel. Man trinkt sie nicht nur, sondern reibt sich bisweilen sogar mit ihr ein. Bei Hochzeiten reicht man dem Brautpaar eine Schale mit *Chang*, an deren Rand drei mit dem Daumen abgestrichene Butterklümpchen haften. Selbst Tragtieren wurde sie früher auf den besonders Kraft raubenden, gefährlichen Reisen über den Himalaja eingeflößt.

Von besonderer Bedeutung ist sie auch im religiösen Bereich. Sie dient als Brennmittel der Butterlampen, die an Hausaltären sowie in den Klöstern und Heiligtümern entzündet werden. Brennen dort bereits an normalen Tagen zahlreiche Butterlampen, entzündet man an den Festtagen viele Tausend Lämpchen als Lichtopfer, anlässlich des Todes von Verwandten häufig die so genannten Tausendopfer. Wenngleich es seit gut einem Jahrhundert in Tibet auch importierte Wachskerzen gibt, käme niemand auf die Idee, diese auf einem Altar anzuzünden. Dort haben nur die kelchförmigen, in sehr unterschiedlichen Größen verwendeten Butterlampen Platz. Wer jemals in Tibet war, erinnert sich sicher an die Nomaden, die auf ihren Besuchen in den Klöstern große Gefäße mit Butter dabeihaben und damit die Lampen vor den heiligen Statuen auffüllen.

Zum Befüllen der Lampe gießt man die flüssige Butter hinein und befestigt einen aus Baumwolle gefertigten Docht auf dem Boden der Lampe, indem man ihn mit einem kleinen Hölzchen in das dort befindliche Loch drückt. Alternativ werden auch sehr dünne Bambusstäbchen verwendet, die den Vorteil haben, gerade zu stehen, nicht in der Butter unterzugehen und so gut zu brennen. Große Butterlampen in Klöstern haben oft mehrere Dochte in einer Lampe. Nach der Fertigstellung entzündet man sie sodann sofort oder lässt sie erkalten, um sie bei der angemessenen Gelegenheit parat zu haben. Sie brennen dann Tag und Nacht. Wenn eine Lampe ausgeht, wird sofort eine aus dem Vorrat genommen und entzündet. Natürlich brennt so eine Lampe nicht ganz so hell und ruhig wie eine Kerze. Diese Art der Herstellung ist jedoch ein echter Bestandteil der tibetischen Tradition, der tibetischen Alltagskultur.

Benutzt wird (gefärbte) Butter ferner zur Anfertigung der Speiseopfer *(Torma)*, die zum Neujahrsfest oder bei rituellen Anlässen kunstfertig mit dekorativen und ornamentalen Formen, vor allem Blumen, verziert werden. Diese Opfer dienen der symbolischen Verköstigung der Gottheiten, und man lässt sie häufig das ganze Jahr über stehen. Anlässlich des Großen Gebetes *(Mönlam Chenmo)*, das früher vom dritten Tag nach Neujahr an drei Wochen lang im Lhasa Tsuglagkhang, dem Nationalheiligtum der Tibeter, abgehalten wurde, fand gar eine Art Wettbewerb zwischen den verschiedenen Klöstern statt, wer das größte und schönste *Torma* zu bauen vermochte. Auf dem Barkhor, dem Weg, auf dem man den Tsuglagkhang rituell umrundete, sah man dann auf Holzstellagen angefertigte *Tormas* bis zu fünf oder sechs Meter Höhe.

Buttertee

Erstens: der beste Tee aus China,
Zweitens: die reine Dri-Butter aus Tibet,
Drittens: das weiße Salz aus den nördlichen Ebenen,
Alle drei stammen aus verschiedenen Plätzen,
Alle treffen sich in einem Kupferkessel.
Wie der Tee jedoch zubereitet wird,
Das hängt von dir, oh Teebereiterin, ab.

So heißt es in einem Lied über die Zubereitung des Buttertees, des »Nationalgetränks« der Tibeter (zitiert nach Veronika Ronge: Die Bauern in Tibet. In: Der Weg zum Dach der Welt. Innsbruck 1982, Seite 127-140). Die erste Zutat bildet chinesischer Tee, früher das bedeutendste Importprodukt aus China. Allein nach Zentraltibet sollen jährlich etwa sieben Millionen Kilogramm in Form von Teeziegeln exportiert worden sein. Pro Kopf verbrauchten die Tibeter also etwa 3,5 Kilogramm Tee pro Jahr. Indischer Tee genoss bei ihnen hingegen nie hohe Wertschätzung, da er nicht wie der chinesische in Ziegeln gehandelt wurde und beim Kochen des Buttertees nicht den rechten Geschmack entfaltete. Gehandelt wurde der chinesische Tee entsprechend seiner Ergiebigkeit in fünf unterschiedlichen Qualitäten.

Traditioneller chinesischer Teeziegel (hinten) und traditioneller indischer Teeziegel (vorn)

Die zweite Zutat besteht aus der Butter der Dri (da Yak nur die Bezeichnung für das männliche Tier ist, gibt es keine »Yakbutter«). Sie ist besonders fettreich und wird aufgrund ihres Nährwerts und ihres guten Geschmacks von allen hoch geschätzt.

Die dritte Zutat schließlich ist Salz, das in den im hohen Norden gelegenen Regionen des westlichen Tibet, im so genannten Dschangthang, aus Salzseen im Tagebau gewonnen wird – seit jeher eines des bedeutendsten Handelsgüter der westtibetischen Nomaden.

Die Zubereitung erfolgt auf zweierlei Weise: in Zentral- und Osttibet traditionell durch Quirlen im Teemischzylinder und in Amdo, in Nordosttibet, durch Aufguss in der Kanne.

Buttertee ist das ideale Getränk, um die extreme Trockenheit weiter Landstriche, die eisigen Temperaturen und die vielfältigen Unbilden der Natur am besten zu überstehen. Er »ölt« den Hals und erhält in der extremen Trockenheit auch die Elastizität der Stimmbänder. Darüber hinaus trägt er mit seinem hohen Salzgehalt dazu bei, dass die in diesen Höhen erforderliche höhere Salzaufnahme in ausreichenden Mengen erfolgt. Allein durch den Buttertee nehmen die Tibeter durchschnittlich etwa sieben bis zehn Gramm Salz am Tag zu sich. Er wirkt belebend und ist, frisch zubereitet, recht schmackhaft und überdies äußerst nahrhaft. Die Berichte der Tibetreisenden vor 1950, dass die Tibeter selbst 40 bis 50 Tassen täglich davon trinken, sind nicht übertrieben.

Natürlich sollte man derart hohe Salzkonzentrationen im europäischen Flachland auf jeden Fall vermeiden. Tibetliebhaber dürfen ihn aber durchaus an Festtagen – besonders zum Neujahrsfest – einmal in der hier vorgeschlagenen Dosierung kosten (Seite 147). So schmackhaft er auch sein mag, so zeitaufwändig ist seine traditionelle Zubereitung. Wie beliebt dieser Tee noch

Eine Nomadin melkt ihre Yak-Kuh (Dri), die an ihrem buschigen Schwanz erkennbar ist.

In idyllischer Szenerie wird die Ernte von der Dorfgemeinschaft eingebracht. Wurde bis vor kurzem in Tibet noch ausschließlich von Hand gedroschen, werden die Arbeitsabläufe heute immer stärker rationalisiert und auch von Maschinen erledigt.

Mit Kreide angemalte Glückssymbole zieren die Wände einer tibetischen Küche, in deren Mitte ein eiserner Ofen steht.

In der Klosterküche von Tashilhünpo bereiten Mönche in den Teemischzylindern Buttertee vor, der während der großen Mönchsversammlung ausgeschenkt wird.

Die Nomaden leben das ganze Jahr über auf den Hochebenen. Ihr Leben ist von der Anpassung an den natürlichen Lebensraum geprägt.

Ein tibetischer Nomade vor seinem aus schwarzem Yak-Haar gewebten Zelt, das sommers wie winters als Behausung dient.

Tänzerinnen der Lhamo-Oper, in traditioneller Tracht, vor ihrem Auftritt.

immer ist, zeigt sich allein daran, dass man in Lhasa heute Buttertees im Supermarkt als Fertigprodukt kaufen kann.

Getränk und Nahrung zugleich

Der tibetische Buttertee hat mit unserem Tee nur wenig gemein. Das liegt an der speziellen Sorte des Tees und natürlich den Zutaten und der Art seiner Zubereitung. Der dafür verwendete Tee wird mit Yak-Karawanen aus China importiert. Es handelt sich um einen vor allem aus Sichuan stammenden Ziegeltee, der noch die älteste Art der chinesischen Teeherstellung repräsentiert. Da er in den letzten Jahrhunderten allerdings zu einem großen Teil aus alten Blättern, Stängeln, bei der Beschneidung abgefallenen Sprösslingen und anderen »Abfällen«, die in Platten gepresst werden, hergestellt wurde, wird er von den Chinesen eher als minderwertig betrachtet. Produziert wurde Ziegeltee vor allem für den Export für die zentralasiatischen Völker. Er zeichnet sich durch einen etwas bitteren, herben Geschmack aus. Nach tibetischer Vorstellung besitzt er eine »kühlende« Wirkung und entspricht damit dem tibetischen Ideal des Wohlbefindens. Das mag angesichts der Kälte des Landes erstaunen, doch ziehen die Tibeter, wie zahlreiche Gedichte belegen, die Kühle der Strahlen des Mondes oder die von den Schneebergen ausgehende Kühle eindeutig der Hitze der Sonne vor, die tagsüber hohe Temperaturen erreichen kann. Ärmere Bevölkerungskreise, die sich keinen chinesischen Tee leisten können, bereiten ihren Tee auch aus verschiedenen Arten von heimischen Blüten, Blättern, Kräutern oder Baumrinden zu.

Dazu wird ein Stück des Teeziegels in einem Mörser zerstoßen. Die Brösel werden dann in warmem oder heißem, aber noch weit vom Siedepunkt entferntem Wasser in einem Kessel aufgekocht. Etwa fünf Minuten lässt man ihn unter geringer Zugabe einer Art weißfarbigen

Sodas *(Bütog)*, das an den Seeufern geborgen wird und auch zum Haare- oder Kleiderwaschen dient, stark durchkochen. Danach wird der Tee in Zentraltibet zunächst durch ein Sieb in einen Teemischzylinder *(Dongmo)* gegeben und dort unter Hinzufügung einer entsprechenden Menge von Butter und Salz mit einem Kolben durchmischt. Die Nomaden fügen oft noch einen Schuss Milch hinzu, angeblich um so an der relativ kostspieligen Butter zu sparen. Mancherorts kocht man den Tee nach der Zugabe der Butter auch noch einmal länger auf. Der fertige Buttertee wird schließlich in die Teekanne gegeben und kann serviert werden. Je nach Anlass und Landstrich werden ihm bisweilen, um seinen Nährwert zu erhöhen, verschiedene andere Zutaten beigemischt. Buttertee ist damit Getränk wie Nahrung zugleich.

Einige Zeit nachdem der Tee eingeschenkt ist, bildet sich an der Oberfläche eine Butterschicht, deren Stärke von der Menge der hinzugefügten Butter abhängt. Bevor man trinkt, bläst man sie zunächst leicht fort und nimmt dann schnell einen Zug, bevor sie zurückschwappt. Wichtig ist, den Tee möglichst umgehend zu trinken, da die Butter in gleichem Maße wie der Tee erkaltet, an Geschmack verliert und der Tee unter einer Temperatur von 20° C kaum noch mit Genuss zu trinken ist. Empfehlenswert ist auch, die Kanne nicht zu sehr zu füllen, damit man den Tee vor dem Eingießen stets durch leichte kreisförmige Bewegungen noch einmal durchmischen kann. Hat sich schließlich in der Tasse zu viel Butter angesammelt oder ist der Tee zu sehr erkaltet, bereitet man in der Schale entweder Tsampa-Teig (*Pak*, Seite 132) vor oder schüttet den Rest einfach in das so genannte *Zhaglug* – ein Gefäß, das neben dem Tischchen auf dem Boden steht und speziell für diese Zwecke vorgesehen ist. Die so gesammelten Butterreste werden für die Lederpflege verwendet.

Die Zubereitung des tibetischen Buttertees unterscheidet sich von der unseres Tees auch dadurch, dass er zumeist schon am Abend zuvor vorbereitet wird. Am nächsten Morgen wird er dann nur noch aufgekocht und im Teemischzylinder mit Butter und Salz gemischt.

Als die beste Teesorte galt traditionell der Drudang, zu Deutsch etwa »reiner Same«, der früher nur in Klöstern und von Adeligen getrunken wurde. Die Zubereitung dieser in Teeziegeln aus Sichuan importierten, teuersten Teesorte unterschied sich vom gewöhnlichen Buttertee schon dadurch, dass man ihn zunächst etwa 90 bis 100 Mal im Teemischzylinder durchquirlte, bis seine rötlich braune Färbung zum Vorschein kam. Danach wurde er erneut unter Zugabe von Butter und Salz wie normaler Buttertee gequirlt. Die Wirkung dieses Tees war außerordentlich intensiv, fast schon toxisch, so dass man, wenn man zu viel davon trank, schnell von Schwindel befallen wurde, sich erbrechen musste oder Kopfschmerzen bekam. Dagegen half dann am besten Tsampa.

Alles im Leben der Tibeter besitzt eine gewisse Zeichenhaftigkeit. Nach tibetischer Ansicht gibt es eigentlich keinen Zufall. Alles, was passiert, hat seine Ursachen, in allem wird eine Art Botschaft des Universums gesehen, die über den guten oder schlechten Ausgang eines Geschehens Auskunft gibt. So gilt es als Zeichen der Harmonie zwischen Gastgeber und Gast, dass der Gast mindestens zwei oder drei Tassen Tee eingeschenkt bekommt. Manche betrachten auch die Füllmenge als Indiz für das Verhältnis zwischen den beiden. Ist die Tasse gut gefüllt (bis etwa einen Zentimeter unterhalb des Randes), ist das ein Zeichen guten Auskommens.

Milch

Die nahrhafte und fettreiche Milch der Dris wird selten einfach getrunken und dann auch nur in abgekochter Form. Dass man sie jedoch hohen Gästen zur Begrüßung reicht und im Winter in vielen Landesteilen auch gelegentlich pur zu sich nimmt, widerlegt das weit verbreitete Vorurteil, dass Tibeter die Milch selbst für unrein halten. Der Großteil wird allerdings zu Butter, Käse oder Joghurt weiterverarbeitet und damit zugleich langfristig haltbar gemacht.

Käse

Käse wird in Tibet in allen Landesteilen in gleicher Weise zubereitet. Unterschiedlich sind nur die Utensilien zur Herstellung, die auch von der erzeugten Menge abhängen. Die Basis bildet natürlich die Milch der Dris und Dzomos. Geschmacklich ist der tibetische Käse eher mild. Je nach Zustand seiner Festigkeit unterscheidet man weichen *(Chura Lönpo)* und harten Käse *(Chura Kampo)*. Der Hartkäse kommt in zwei Arten vor, als ungesüßter und gesüßter *(Chura Ngarmo)*, wobei Letzterer erst in jüngerer Zeit zunehmend Verbreitung findet.

In Tibet entzieht man zunächst der Milch das Fett und hat dann Buttermilch, die aufgekocht wird, so dass der Käsebruch und die Molke entstehen.

Die Zubereitung

Die Milch darf nicht zu warm sein, da die Butter sich ansonsten wieder in Milch zurückverwandelt. Um das zu vermeiden, fügt man, falls die Milch gekühlt werden muss, einfach etwas Wasser hinzu. Hat sich die Butter gebildet, nimmt man sie heraus. Diesen Prozess führt man fort, bis sich keine Butter mehr bildet.

Wer Butter in größerer Menge herstellt, verwendet zumeist ein Butterfass, das dem Teemischzylinder ähnlich sieht, aber weitaus voluminöser ist. Mit einem darin befestigten Quirl als Drehachse, der über die beiden Enden eines darum gewundenen Riemens oder Strickes in zentrifugale Rechts-Links-Bewegungen versetzt wird, kann so auch größeren Mengen an Milch Fett entzogen werden.

Im nächsten Schritt erwärmt man den als *Dara* bezeichneten Rest, die Buttermilch, auf etwa 40° C, wodurch sich ein dünnflüssiger, mehr wässeriger Anteil, die Molke *(Chukha)*, von einem festeren Anteil, dem Käsebruch *(La'u)*, absetzt. Die *Chukha* wird entweder selbst getrunken oder an das Vieh verfüttert. Den *La'u*-Anteil gibt man in ein grobes Tuch, so dass man Flüssigkeitsreste nochmals auspressen kann. Danach trocknet man ihn an der frischen Luft. Bei guter Sonne erfordert das etwa zwei Tage.

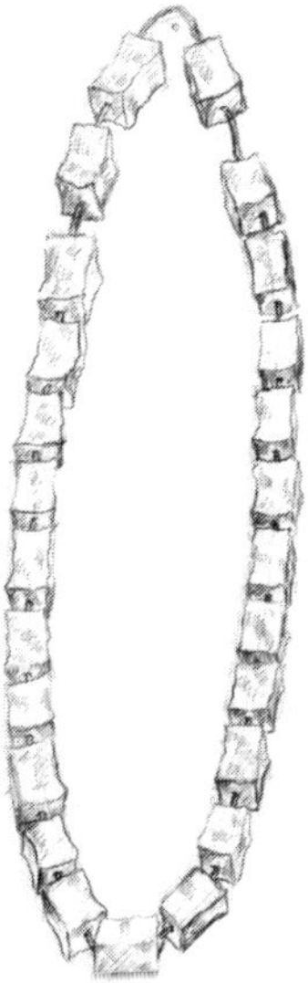

Im westlichen Zentraltibet versieht man das zur Auspressung benutzte Tuch mit einem Loch, so dass man dem Käse beim Auspressen die Form kleiner Kringel verleihen kann. Im Großraum Lhasa pflegt man den Käse in Würfel unterschiedlicher Größe zu schneiden und zur Trocknung auf Schnüre zu ziehen. Dieser in Würfel gebrachte Käse braucht je nach Wetterlage fünf bis zehn Tage zur Trocknung.

Wer seinen Käse süßen möchte, gibt den *La'u*-Anteil nach dem Auspressen nochmals in eine Schüssel, fügt nach Belieben Zucker hinzu und knetet die Masse kräftig durch.

Dieser Käse hält sich über äußerst lange Zeiträume. Aufgrund seiner Härte kann er jedoch nicht gekaut, sondern fast nur gelutscht werden.

Chang

Chang, das tibetische »Gerstenbier«, ist das am häufigsten zu sich genommene alkoholische Getränk des Landes. Wie das Sprichwort »Wenn der aus Tsang stammende Mann nur *Chang* hat, wird er schon alle Arbeiten erledigen!« erahnen lässt, wurde es besonders im westlichen Teil Zentraltibets mit seinem Zentrum Shigatse viel getrunken. Sein Genuss war und ist jedoch in ganz Tibet weit verbreitet und, wenn auch nicht

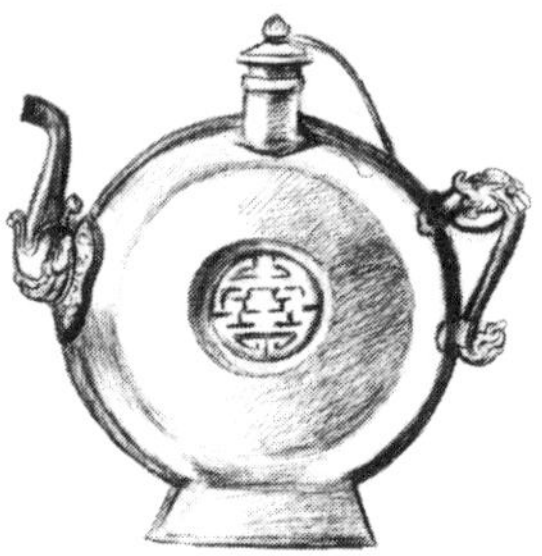

Eine flache Kanne (oben) und ein aus Silber und Messing gearbeitetes Schankgefäß für *Chang*

unbedingt gern gesehen, so doch nicht moralisch geächtet. Den Mönchen ist *Chang* streng genommen untersagt, in der Praxis wird er in Randregionen Tibets, speziell von den Anhängern der roten Schulen – eine religiöse Richtung, die im Gegensatz zu den Gelbmützen steht, zu denen der Dalai Lama gehört, und deren Vertreter bei den Zeremonien rotfarbige Kopfbedeckungen tragen –, aber bisweilen getrunken.

Aus Gerste vergoren, besitzt er einen heftigen, fruchtigen Geschmack und ist vielleicht noch am ehesten mit einem Federweißen zu vergleichen. Neben der toxischen wird ihm auch eine medizinische Wirkung zugesprochen. Wichtig ist die gute Ablagerung, damit er einen besseren Geschmack bekommt. Normalerweise wird er höchstens ein bis drei Monate gelagert. Der beste *Chang* hat allerdings angeblich eine Lagerungszeit von gut einem Jahr. Getrunken wird er aus Schalen, die auf den ersten Blick von Teeschalen kaum zu unterscheiden, jedoch stets größer und vorzugsweise mit Silber ausgeschlagen sind. Als Schankgefäß dienen verschiedenartige, aus Metall oder Holz hergestellte Behältnisse: zum einen flache Kannen oder einem Baumstamm ähnliche, runde, schwarze Gefäße, die mit ihren Messingringen an einen Teemischzylinder denken lassen, jedoch nur etwa 40 Zentimeter hoch sind, zum andern häufig reich verzierte Kupfer- oder Silbergefäße, die besonders durch ihre eigentümliche Gestaltung des Mundes hervorstechen.

Obst und Gemüse

Aufgrund der schwierigen geoökologischen Bedingungen gestaltete sich der Anbau von Obst und Gemüse in Tibet schwierig. Angebaut wurde es fast ausschließlich in den klimatisch begünstigten, tiefer gelegenen Tälern. Zu den in Tibet traditionell angebauten Gemüsesorten zählen Kartoffel, Erbse, Rübe, Daikon-Rettich, Rettich, Zwiebel, Wildkohl *(Pätshal)* und ver-

Gemüse

schiedene Bohnensorten. Die Kartoffel *(Zhogog)* wurde – ebenso wie Möhre, Kohl, Kohlrabi und Bohne – von Missionaren in Tibet eingeführt und bereicherte vor allem den Speiseplan des Adels. Heute wird sie natürlich von allen verzehrt. Erbsen *(Sänma)* werden normalerweise ungekocht zermahlen und lediglich als Zusatz in Tsampa verwendet. Nach Vorstellung der Tibeter gehören sie zu den kalten Nahrungsmitteln, die nicht gut für die Gesundheit sind. Deshalb baut man sie häufig auf minderwertigen Feldern an und gibt sie aufgrund ihres Nährwerts den Pferden und Eseln. Das vielleicht am meisten angebaute Gemüse ist der Rettich *(Labu)*, da er anspruchslos ist und auch in extremen Höhen gut wächst. Der Anbau erfolgte bisweilen sogar zusammen mit Gerste. Bei der Ernte wird dann natürlich zuerst die Gerste geschnitten. Als Ganzes oder in Scheiben zerschnitten und getrocknet, kann der Rettich lange Zeit in Erdlöchern gelagert werden.

Eine besondere Spezialität bildet die relativ kleine, vielleicht etwa zwei Zentimeter lange tibetische Wildkartoffel *(Droma)*. Äußerlich von rötlich brauner Färbung und von innen weiß, wird sie nicht angepflanzt, sondern im Frühling beim Pflügen auf dem Felde sowie am Rande von Feldern gesammelt. Wegen der kleinen Blätter, die die Erdoberfläche durchstoßen, erkennt sie nur das geübte Auge. Zumeist mit Messern ausgegraben, birgt die Knolle vielleicht zehn bis 20 kleine Kartoffeln. Sie werden gekocht und noch warm gegessen oder zunächst luftgetrocknet und stellen eine köstliche Bereicherung des Tsampa dar.

Natürliche, am Rande von Feldern und Flüssen vorkommende Gemüsearten, die auch als medizinische Heilmittel galten, sind die Hohe Malve und Rosenmalve *(Champa Loma)*, Kümmel *(Go'nyö)*, Steinpilze *(Serscha)*, Wolkenohrpilze *(Mogro)* und eine Art Champignons (*Kar-*

scha oder *Schamo)* sowie wildes Gemüse *(Ngo)*. Letzteres kommt vor allem in den Nomadenregionen vor. Es wird von diesen an die Tieflandbewohner verkauft. Besonders in osttibetischen Nomadenregionen wie Nangchen trifft man auf reiche Mengen einer sehr schmackhaften Steinpilzart. Auch wilder Rhabarber wächst in verschiedenen Regionen Tibets.

Obst

Wirft man einen Blick auf die früheren Verhältnisse, war Obst aufgrund der Aridität, der schwierigen klimatischen Bedingungen und der extremen Höhenlage traditionell im zentraltibetischen Raum noch seltener als Gemüse. Aprikosen *(Khambu)*, Pfirsiche *(Gyakham)* und die Dattelpflaume *(Draka)* wurden fast nur in Haus- und Klostergärten kultiviert. Deshalb führten die Tibeter vor allem aus Indien und Nepal verschiedene getrocknete Früchte – besonders Rosinen, Datteln und Aprikosen –, aber auch braunen Zucker, Kristallzucker, Reis, Korn, Nüsse wie die Walnuss *(Targa)* und Gewürze ein. Neben den erwähnten Getreidesorten wurden ferner als Zusatzstoffe Buchweizen *(Dra'u)* und Hirse angepflanzt. Zur Herstellung von Öl kultivierte man Senfkorn.

Heute werden – in erster Linie in der Nähe der großen Städte – fast alle Gemüsesorten in Gewächshäusern angebaut. Verschiedene Beerenarten, Birnen *(Li)*, Äpfel *(Kuschu)* und Granatäpfel *(Sendru)* wachsen jedoch nach wie vor in vielen Regionen noch wild und bilden vielfach eine willkommene Ergänzung des Speiseplans.

Gewürze

Tibeter würzen ihre Speisen mit Salz, Pfeffer – am liebsten Sichuanpfeffer – und Ingwer. Sojasauce dient erst in jüngerer Zeit als häufig eingesetzter Geschmacksverstärker. Auch Knoblauch findet immer stärker Verwendung, wenngleich er früher als unsittlich verunglimpft wurde, da ihm die Tibeter eine aphrodisierende Wirkung zuschrieben. Gier und damit auch sexuelle Lust gilt dem Buddhismus zufolge neben Ichsucht, Stolz und Hass als eines der drei Grundübel, die das Anhaften der Lebewesen im Daseinskreislauf bedingen. Im Saga Dawa, dem Monat, der mit dem Fest der Geburt des Buddha beginnt (etwa April/Mai), enthält man sich seiner deshalb auch völlig. Aufgrund des starken Geruchs nach seinem Verzehr gilt es auch als unschicklich, innerhalb von acht Tagen vor dem Besuch eines Klosters Knoblauch zu essen. Weit verbreitet ist heute das Würzen mit Chili. Wurde dieser früher aus Indien importiert, hat sich durch die intensivere Begegnung mit der indischen Kultur die Verwendung von Chili mehr und mehr durchgesetzt. Vor allem in Saucen eingesetzt, wird er bisweilen auch dem Fleisch direkt beigegeben. Genutzt wird vor allem der rote Chili, der auch in Tibet heimisch ist, dessen angeblich beste Qualität, eine eher leicht orangefarbene Sorte, allerdings aus dem indischen Manali stammt. Der grüne ist aufgrund seiner Unverträglichkeit – vielen liegt er tagelang schwer im Magen – nicht zu empfehlen.

Fleischgerichte und ihr Verzehr

Die Zubereitung von Fleisch erfolgt in Tibet in durchaus unterschiedlicher Form. Nomaden und alle, die in extremer Höhe lebten, aßen es früher fast ausschließlich halb gar gekocht. Angeblich sorgte es sonst für Atemlosigkeit. Yakfleisch wird von den Tibetern gern in schmale Streifen geschnitten, an der Luft getrocknet und dann als Trockenfleisch verzehrt. Das über Jahre haltbare Fleisch ist besonders auf Reisen sehr praktisch, da es keinerlei weiterer Zubereitung bedarf. Gelegentlich braten oder rösten die Bauern es jedoch auch. Das Dünsten von Fleisch scheint erst in den letzten Jahrhunderten mit der Einführung des Dampfgartopfs *(Mogtro)* Usus geworden zu sein.

Traditionell nahmen die Tibeter kein Schweine- und Hühnerfleisch zu sich, das Gros der Bevölkerung ebenfalls keine Eier und keinen Fisch. Auch Schlangen, Murmeltiere, Pferde, Esel und Hunde, für so manche der großen Nachbarvölker zum Teil besondere Delikatessen, verzehren Tibeter bis heute nicht. Schwein und Hahn sind Symboltiere für Unwissenheit und Stolz, zwei Eigenschaften, die als große Hindernisse auf dem Weg zur Erleuchtung betrachtet werden und deren Aneignung nach den traditionellen Vorstellungen mit dem Verzehr dieser Tiere einhergeht. Da Hühner darüber hinaus Würmer fressen und Schweine ihre Nahrung im Dreck finden, wird ihr Fleisch traditionell für nicht rein gehalten.

Der Fischverzehr

Die grundsätzliche Abneigung gegenüber dem Verzehr von Fisch liegt wiederum darin begründet, dass Fische unter den »acht Glückssymbolen« auftauchen. Sie gehören damit zu jenen Symbolen, die Buddha als Vorzeichen seiner Erleuchtung erschienen sind und seine Fähigkeit versinnbildlichen, das große Meer des

Unbewussten zu durchschwimmen und an das »jenseitige Ufer« des Nirvana zu gelangen. Da sie deswegen als heilig gelten, wurden sie früher nur von wenigen Menschen verzehrt. Der Gefahr, durch ihren Genuss schlechtes Karma anzuhäufen, wollte man sich nicht aussetzen. Aus diesem Grunde kaufen viele Tibeter auch an Festtagen wie dem Geburtstag Buddhas Fischern ihren noch lebenden Fang ab, um die Fische umgehend wieder auszusetzen. Das gilt als überaus verdienstvolle Tat. Manche Tibeter bringen die Fische sogar zu weit entlegenen, für heilig gehaltenen Seen, in denen keine Fische gefangen werden dürfen, um ihnen ein möglichst langes Leben zu sichern.

Achtung und Wertschätzung der Tiere

Die verbleibenden Fleischsorten, Schaf und Rind, bilden damit das für den Verzehr bevorzugte Fleisch der Tibeter. Da die Tötung von Lebewesen, gleich welcher Art, jedoch im Buddhismus als großer Frevel betrachtet wird, wird auch der Verzehr von Fleisch grundsätzlich als ein notwendiges Übel betrachtet. De facto war es in den kargen, von eisigen Temperaturen beherrschten Weiten Tibets ein nur schwer verzichtbares Lebensmittel, da schon Gemüse und Obst im zentraltibetischen Raum, von wenigen Ausnahmen abgesehen, nur schwer zu kultivieren waren. Das Ideal der tibetischen Buddhisten war und ist, keinerlei Fleisch und Blut zu verzehren. Wer von den Mönchen sich nicht strikt an dieses Gebot halten kann, versucht zumindest den Fleischanteil so weit wie möglich zu reduzieren. Als sündhaft gilt den Tibetern weniger der Verzehr von Fleisch als die Schlachtung der Tiere. Rituelle Schlachtungen, wie sie in vielen anderen Religionen Brauch sind – das sei in diesem Zusammenhang angemerkt –, gelten als verpönt und zutiefst unbuddhistisch.

Das Fleischerhandwerk

Der Beruf des Fleischers rangierte folglich seit jeher unten in der Sozialordnung und unterlag starker Ächtung. Ausgeübt wurde er demzufolge meist von Muslimen, die vor allem aus dem turkanesischen Raum kamen und sich in vielen größeren Orten angesiedelt hatten. Da die Nomaden auf deren Dienste nicht zurückgreifen können, drücken sie Schafen vor der Schlachtung die Luft ab, indem sie ihnen Maul und Nase fest zubinden. Um jegliche Atmung zu unterbinden und den Tod schneller herbeizuführen, setzt man sich zudem häufig auf den Körper des Tieres. Danach wird es, um sicherzugehen, mit dem Messer abgestochen. Die starken Yaks werden von mehreren Menschen zunächst zu Boden geworfen, gefesselt und dann mit einem Schwert, das man ihnen von vorn in die Brust stößt, geschlachtet. Das Blut wird stets aufgefangen, um es etwa für Saucen zu verwenden. Um die böse Tat zu sühnen und dem Tier eine bessere Wiedergeburt zu ermöglichen, werden dabei Gebete und Mantras gesprochen, deren magische, heilkräftige Wirkung üblicherweise dem zugute kommt, der sie spricht, hier aber auf das Tier übertragen werden.

Manche zünden auch eigens eine Butterlampe auf dem Altar an oder geben den Tieren vor der Schlachtung gesegnetes Wasser zu trinken. Aus rein religiösen Gründen schlachten manche Nomadenfamilien auch nicht selbst, sondern bestellen einen eigens darauf spezialisierten Nomaden eines anderen Camps. An religiösen Festtagen sowie den allmonatlichen Feiertagen – Neu-, Voll-, zunehmender und abnehmender Halbmond – ist jegliches Schlachten strengstens verboten.

Ein langes Leben für Yaks und Dris

Verglichen mit den Schlachtungen in Europa haben die Tiere, vor allem Yaks und Dris (Yakkühe), bei den Tibetern stets ein langes und lebenswertes Leben hinter sich, wenn sie geschlachtet werden. Dris gebären oft 15- bis 17-mal. Geschlachtet werden sie frühestens, wenn ihre Fruchtbarkeit zum Erliegen gekommen ist. Da alle Tiere jedoch auch zum Transport benutzt werden und alljährlich wertvolle Wolle liefern, haben auch ältere Tiere noch ihren Wert. Die Herde bildet – wie für den Bauern die bebaubare Fläche – den eigentlichen Reichtum der Nomaden. Daher sind sie auch bestrebt, die Zahl ihrer Herdentiere so hoch wie möglich zu halten und weiter zu erhöhen.

Der Fleischverzehr

So ist der Verzehr von Fleisch besonders für den gläubigen Buddhisten problematisch, da er vor allem die Tötung der Tiere als karmisch unheilvoll betrachtet. Mit ihr in einem wie auch immer gearteten direkten Verhältnis zu stehen gilt als sündhaft. Wird ein Tier eigens für einen bestimmten Gast getötet, so wird dieser, wenn er gläubiger Buddhist ist, es nicht anrühren, da er letztlich den Grund für die Tötung des Tieres bildet. Handelt es sich dagegen um Fleisch aus einer anonymen Quelle, wird sein Verzehr als weitaus weniger problematisch angesehen. Viele Tibeter glauben, es sei besser, ein großes Tier zu töten, das für viele Mahlzeiten reicht, als zahlreiche kleine Tiere, die zusammen gerade eine Mahlzeit ergeben.

Der Respekt, der dem Tier als einem im Geburtenkreislauf verhafteten Lebewesen gezollt wird, zeigt sich auch darin, dass so manches Tier vor die Statue des Buddha geführt und sein Leben dem Buddha »gewidmet« wird. Damit verpflichtet sich der Besitzer, ihm – ganz ähnlich wie bei der Freisetzung von Fischen – sein Leben zu schenken und es grasen zu lassen, bis es seinen natürlichen Tod findet.

Wegen der Achtung und Wertschätzung, die man dem Leben, auch dem der Tiere, entgegenbringt, herrschen seit mindestens dem 13. Jahrhundert in der Nähe zahlreicher Klöster und heiliger Orte strikte Jagdverbote. Strengstens untersagt ist vor allem die Jagd auf wilde Tiere, aber auch das Sammeln von Eiern der Graugänse *(Hangsa)*, die den Sommer in Tibet an zahlreichen größeren und kleineren Seen verbringen.

Die Konservierung und der Vitamingehalt der tibetischen Nahrung

Extreme Haltbarkeit

Natürlich ergab sich mit dem Naturalienhandel das Problem, die Haltbarkeit der Nahrungsmittel für einen möglichst langen Zeitraum sicherzustellen, damit sie ihren Wert behielten. Aufgrund der extremen Abhängigkeit vom Klima und um Hungersnöten aufgrund von Missernten vorzubeugen, hat man in Tibet Methoden entwickelt, Nahrung über schier unglaublich lange Zeiträume zu lagern. Maßgeblich war vor allem das extrem trockene Klima, das beste Voraussetzungen dafür lieferte, Schimmel und Verwesung bei sachgerechter Behandlung der Nahrung zu verhindern. Zugute kam den Tibetern dabei sicherlich auch die extreme Höhe und Kälte, die die Ansiedlung zahlreicher Bakterienarten verhinderten, die in wärmeren Regionen des Erdballs vorherrschen.

Als beste Zeit der Schlachtung galt den Tibetern der Spätherbst, da die Tiere zu diesem Zeitpunkt viel Fett angesetzt hatten, das Fleisch aber auch in dem folgenden strengen Winter gut austrocknen konnte und ohne größere Sonderbehandlung leicht fünf Jahre haltbar war. Butter wurde in Ledersäcken luftdicht verpackt und war, nachdem ihr das Wasser vollständig entzogen worden war, selbst im wärmeren Osttibet 30 bis 40 Jahre haltbar. Den absoluten Rekord hält in dieser Hinsicht allerdings das Getreide. In speziellen Lagern aufbewahrt, die über ein ausgeklügeltes Entlüftungssystem verfügten und versiegelt waren, so dass niemand sie heimlich für seine eigenen Zwecke nutzen konnte, hielt sich das Korn dort weit über 100 Jahre. Überliefert sind sogar Berichte über Lager mit speziellen Kupferböden, die Getreide angeblich mehr als 500 Jahre frisch halten konnten.

Vitaminreichtum dank optimaler Anpassung

Auch nach diesen außergewöhnlich langen Lagerzeiten waren die Lebensmittel noch immer schmackhaft. Die Tibeter besaßen damit ihre ganz eigene, auf die speziellen Gegebenheiten des Landes zugeschnittene Methode, Hungersnöten vorzubeugen. Nicht zuletzt das Prinzip der Selbstversorgung sicherte ihnen bis in die jüngste Zeit fast uneingeschränkte Selbstbestimmung.

Angesichts der Kargheit weiter Landstriche und der dadurch bedingten geringen Mengen an Obst und Gemüse, die die Zentraltibeter und die Nomaden früher zu sich nahmen, sollte man annehmen, dass auf Vitaminmangel zurückzuführende Krankheiten wie Skorbut, Beriberi oder Rachitis weit verbreitet gewesen wären. Dem ist aber nicht so. Im Gegenteil fielen westlichen Forschern der gute Knochenbau und die gesunden Zähne der Tibeter auf.

Auch in der Ernährung zeigt sich, dass die Tibeter sich in optimaler Weise eingepasst haben. Vitamin A wird durch Milch, Butter, tierische Fette, Leber und Herz von Tieren aufgenommen. Da das Getreide nicht gekocht und das Korn mitsamt dem Spelt nur leicht geröstet wird, geht das lebensnotwendige Vitamin B, das darüber hinaus reichlich in Fleisch und Joghurt enthalten ist, bei dem Verzehr von Tsampa nicht verloren. Die Vitamine C, E und H werden durch den reichlichen Genuss des Buttertees und anderer Milchprodukte in hinreichendem Maße aufgenommen. Besonders die Nomaden, die in Notfällen das Fleisch selbst roh zu essen vermögen, nehmen dadurch viele Vitamine auf, die in ihrem kargen Lebensraum ansonsten nicht zu finden wären. Das Geheimnis des Vitaminreichtums der tibetischen Nahrung ist zu einem ganz wesentlichen Teil damit zu erklären, dass sie in relativ rohem Zustand verzehrt wird und so noch vieles an Eiweißen und Rohstoffen enthält, das in gekochter Nahrung durch Erhitzung üblicherweise verloren gegangen wäre.

Das tibetische Neujahrsfest

Die Tibeter lieben Feste, Picknicks, geselliges Beisammensein und Tänze. Deshalb kommt den religiösen Festtagen des Jahres wie dem meist zur Zeit des Vollmondes im Mai gefeierten Geburtstag Buddhas (Saga Dawa) oder unter den Exiltibetern dem Geburtstag des Dalai Lama besondere Bedeutung zu. Das bedeutendste tibetische Fest ist jedoch zweifellos das Neujahrsfest. Entsprechend dem tibetischen Mondkalender wird es üblicherweise im Februar oder März gefeiert, wobei der Neujahrstag auf den ersten Tag der zunehmenden Mondperiode des Monats fällt. Begangen wird es von der tibetischen Regierung, ihren Verwaltungsorganen, den Klöstern und den Familien in ihrer jeweils ganz eigenen, sehr aufwändigen Weise. Ich will mich hier auf die Feier in den Familien beschränken und speziell den aus diesem Anlass durchgeführten Speiseopfern und Festessen besondere Beachtung schenken. Natürlich beginnen die umfangreichen Vorbereitungen bereits in den ersten Tagen des letzten Monats des Jahres. Nahrungsmittel werden besorgt, neue Kleidungsstücke angefertigt, Türvorhänge genäht, Gebetsfahnen gedruckt und möglichst noch alte Schulden beglichen, so dass man frisch und unbelastet in das neue Jahr startet. Viele tünchen ihr Haus neu, und selbst den Yaks wird nicht selten besondere Aufmerksamkeit zuteil: Man bindet ihnen neue Glocken um den Hals und ölt ihre Hörner frisch.

Vorbereitungen und Vorfeierlichkeiten

Bereits am 29. Tag des 12. tibetischen Monats, dem vorletzten Tag des Jahres und dem letzten der abnehmenden Mondperiode des Jahres, beginnen die Vorfeierlichkeiten. Im Familienkreis wird die *Guthug*, die »Neuner-Suppe«, gegessen. Diese »Neuner-Thugpa«, die vielleicht noch am

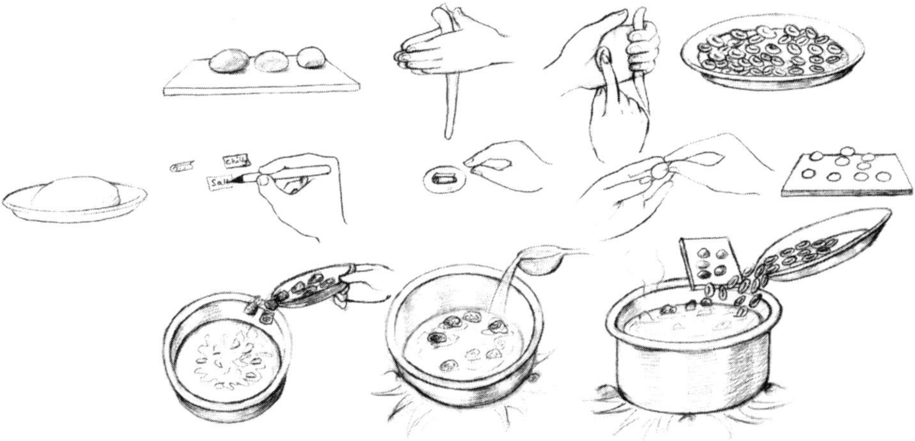

Die Zubereitung der *Guthug*-Nudeln

ehesten mit einer italienischen Fleischsuppe mit Nudeln in Gnocchi-Form vergleichbar ist, wird im Prinzip wie eine *Scha Bagthuk* (Seite 66) unter Zugabe von mindestens neun Ingredienzien zubereitet. Jedes der Familienmitglieder sollte unbedingt auch neun Schälchen Suppe zu sich nehmen. Eine Besonderheit sind ferner in eigens angefertigten Nudeln etwas größeren Ausmaßes versteckte kleine Zettel mit Zeichnungen, Symbolen oder Wörtern, die den Charakter des jeweiligen Familienmitgliedes andeutungsweise beschreiben sollen. Von diesen Nudeln bekommt jeder eine in seine Suppe. Natürlich gibt es auch Familien, die gleich reale Dinge wie Salz, Kohle oder Chili in die *Guthug*-Nudeln mischen. Die feine tibetische Art ist das allerdings nicht.

Natürlich wird dieses Ritual nicht allzu ernst genommen. Jeder interessiert sich für das »Schicksal« des anderen, man lacht viel, und Spott sowie vordergründige Schadenfreude ernten besonders diejenigen, die ein »schlechtes Los« erwischt haben. Einen Eindruck von den verschiedenen »Weissagungen« vermittelt die folgende Auswahl der gebräuchlichsten Symbole beziehungsweise Wörter:

Die »Sonne« ist ein positives Zeichen für jemanden, der Berühmtheit erlangt und eine eindrucksvolle Persönlichkeit ist.

Der »Mond« ist ein eher negatives Zeichen für jemanden, dessen Lebenskraft nachlässt, der Schwierigkeiten zu bewältigen hat und eine nachdenkliche Lebensphase durchläuft.

Der »Kostbare Lama« ist ein Zeichen für Ehrlichkeit und das Streben nach den höchsten Gütern.

Die »Heilige Schrift« steht für jemanden, der einen auf die Lehre des Buddha ausgerichteten Geist besitzt und viele positive Qualitäten entwickelt.

Der »Kleine viereckige Teppich« ist ein Zeichen für jemanden, der nicht zu viel Arbeit hat und zusieht, dass er leicht durchs Leben kommt.

Der »Mensch mit einem vollen, runden Bauch« versinnbildlicht jemanden, der zu viel isst, sich Schlaf und Ruhe sowie Rückzug von den Problemen gönnt.

Der »Dornbusch« ist ein Zeichen für jemanden, der mit allen Streit sucht, gereizt ist und ein schlechtes Benehmen an den Tag legt.

Die Worte »unfähig und gebeugt« sprechen für sich und weisen auf jemanden hin, der gerne großtut, aber aufgrund seiner Faulheit und seiner Art, sich vor Problemen davonzustehlen, nur negative Erlebnisse hat.

Die »Geschäftige Person« oder die Worte »hier- und dorthin laufen« entwerfen das Bild einer Person, die zu viel redet und nicht selten durch Verleumdungen Unruhe stiftet.

Die Worte »sich hungrig herumdrücken« stehen für jemanden, der alle möglichen verborgenen Wünsche besitzt und darauf aus ist, sich – nicht selten durch Schmeicheleien – Vorteile zu verschaffen.

Die »Doppeltrommel« ist ein Zeichen für jemanden, der unstet und gespalten ist und deshalb nur eine geringe Glaubwürdigkeit besitzt.

Die Worte »das Gewicht der Wiedergutmachung tragen müssen« stehen für jemanden, der für ein uneheliches Kind sorgen muss oder eines gezeugt hat, im übertragenen Sinne auch für jemanden, dem unbearbeitete Probleme der Vergangenheit nachhängen, die nun ihren Tribut fordern.

Der »Weiße Stein« ist das Symbol für einen edlen Menschen, der sich durch Gutmütigkeit, Weisheit und positives Denken auszeichnet.

Die »Weiße Wolle« versinnbildlicht jemanden, der seinen eigenen Weg geht, manchmal etwas zauderhaft und zögerlich sein kann, sich seine Schritte aber stets gut überlegt und deshalb die für ihn richtigen Entscheidungen trifft.

Die »Rechtsgedrehte Schnur« ist ein Zeichen für jemanden, der aufrichtig ist und sich besonders um alle Angelegenheiten kümmert, die seine Familie betreffen.

Die »Linksgedrehte Schnur« ist ein Zeichen für jemanden, der sich gern in den Vordergrund stellt und vorzugsweise um öffentliche oder gesellschaftliche Angelegenheiten kümmert.

Die »Tasse« verkörpert jemanden, der gerne isst, sich vor der Arbeit aber lieber drückt.

Die »Kohle« ist ein Zeichen für einen hintergründigen, Schlechtes im Sinne führenden Menschen, von dem man sich besser fern hält.

Die »Chili-Schote« steht für jemanden, der cholerisch andere ausschimpft und sich über alles beklagt.

Das »Papier« wird als Zeichen für einen Menschen verstanden, der stets alle möglichen Kleinigkeiten entwendet, schlechte Manieren hat und allerlei Liederlichkeiten entwickelt.

Die »Tablette« ist als ein Zeichen für jemanden bekannt, der spekuliert und auf Gedeih und Verderb auf Gewinn aus ist.

Die »Zwiebel« ist ein Zeichen für jemanden, der viel heiße Luft von sich gibt und sich dadurch nicht nur beliebt macht.

Das »Salz« ist – vermutlich aufgrund der Mühen, die die Salztransporte in Tibet traditionell mit sich brachten – ein Zeichen für einen Menschen, der träge und langsam, aber zäh ist.

Die »Kaschmir-Wolle« dient der Versinnbildlichung von jemandem, der aufbrausend und ungeduldig ist und einen schlechten Charakter hat.

Wissen sollte man dazu, dass die Zahl neun von den Tibetern mit negativen Einflüssen verbunden wird und ihr gehäuftes Vorkommen während der *Guthug*-Einnahme dazu dient, sich aller negativen Einflüsse des vergangenen Jahres zu entledigen.

Die Vertreibung der Lü

Während der Vorbereitung der Suppe haben andere Familienmitglieder bereits aus Tsampa-Teig *(Pak)* eine Dämonin geformt, die so genannte Lü. Zugleich werden ebenfalls aus Tsampa-Teig zwei Würfel angefertigt, von denen einer nur Sechsen und der andere nur Einsen trägt. Nachdem die Lü auf ein altes Tablett oder in einen im vergangenen Jahr zerbrochenen Tontopf gesetzt wurde, wird der Hausherr sagen, dass nun eine Person, die all das innerhalb des letzten Jahres angehäufte Negative mit sich nehmen müsse, das Haus verlassen solle. Die Entscheidung darüber, wer gehen muss, wird durch das bei den Tibetern so beliebte Würfelspiel *(Scho)* gefällt. Nachdem der Hausherr durch dreimaliges Würfeln mit dem Sechser-Würfel für sich 18 Punkte erspielt hat, wirft er für die Lü den Einser-Würfel, um festzustellen: »Du, Lü, hast verloren!« Alle Familienmitglieder nehmen daraufhin etwas Tsampa-Teig in die Hand und berühren mit der geschlossenen Hand ihren ganzen Körper, mit Ausnahme des Kopfes. »A-tsha-tsha-wa, A-na-na-wa. Nimm alle Krankheiten des Körpers, alle Leiden des Geistes und alle negativen Einflüsse, die dieses Haus im vergangenen Jahr, in allen zwölf Monaten, befallen haben, mit dir und gehe in ein großes Land jenseits des großen Ozeans!« Mit der Überzeugung, dass alles Negative damit in den Teig eingegangen ist, wird er schließlich bespuckt und auf das Tablett gelegt. Zusätzlich wird die Lü mit losen Fäden aus der Kleidung, mit einigen kleineren *Khabse*, Nudeln der *Guthug*, Reiskörnern, etwas *Chang* und einigen Münzen versorgt. Zum Schluss wird auch ihr noch neunmal etwas Suppe in ein Schälchen auf dem Tablett gegeben. Vom Tablett ausgehend zieht einer dann mit Tsampa eine Spur zum Ausgang. Ein älteres Familienmitglied streicht mit einer Fackel durch alle Ecken der Räume des Hauses, um sie von negativen Einflüssen zu reinigen. Während das jüngste Familienmitglied, ohne seinen Blick nochmals zum Haus zurückzuwenden, mit dem Tablett samt der Lü über die weiße Tsampa-Spur das Haus verlässt, wird ein anderer das Tsampa sogleich hinter ihm aufkehren. Sobald er das Haus verlassen hat, um die Lü weit wegzubringen und an einer Straßenkreuzung auszusetzen, wird er von einem Älteren, der mit der Fackel hinter ihm herläuft, unter lautem Schreien gejagt, so dass die Lü in Angst und Schrecken versetzt und definitiv nicht nach Hause zurückkehren wird. Die *Guthug* stellt damit ein gutes Beispiel für die Geselligkeit, den Spaß und manchmal auch die Ausgelassenheit dar, die die Tibeter mit dem Essen verbinden. Essen ist ein echtes Stück Lebensfreude.

Das Präparieren der Küche …

Am 30. Tag des Jahres, der wegen des Neumonds als religiöser Festtag gilt, wird die Küche für das neue Jahr vorbereitet, indem – besonders auf den vom Rauch geschwärzten Wänden am Herd – die tibetischen Glückssymbole mit Tsampa angemalt oder mit Daumen- und Fingerabdrücken nachgezeichnet werden. Daneben werden Schriftzüge wie das berühmte *Tashi Deleg* (»Glück und Wohlergehen«) angebracht und *Thab-Lha, Me-Lha* und *Chu-Lha* als Bezeichnungen der Schutzgeister für die Küche, das Feuer und das Wasser an die Wände gemalt. Zugleich wird das bereits in den Tagen zuvor in den verschiedensten Formen und Größen hergestellte Feingebäck *(Khabse)* mit anderen Nahrungsmitteln auf dem Altar als Opfer an die Gottheiten arrangiert. Nirgends wird deutlicher als hier, dass in einer Kultur, die so stark von religiösen Vorstellungen geprägt ist wie die tibetische, Speisen und Getränke natürlich nicht nur dem Genuss, sondern auch als Speise- und Trankopfer dienen.

… und des Neujahrsopfers

Das Neujahrsopfer besteht, wie die Abbildung auf Seite 55 zeigt, aus den köstlichsten Speisen,

die die tibetische Küche zu bieten hat: Im Zentrum steht ein kunstvoll geschnitzter hölzerner Behälter *(Boo)*, in dessen linker Hälfte mit Zucker und Butter vermischtes Gerstenmehl und in dessen rechter Hälfte Gerste in jeweils kleinen Haufen aufgeschüttet wird. Dort hineingesteckt werden getrocknete Ähren und kleine Holzschildchen, die von Sonne, Mond und Bindu – einem Symbol für die Vereinigung der Polaritäten – gekrönt und mit aus gefärbter Butter gefertigten Blumen reich dekoriert werden. Davor und daneben werden eine Butterlampe, ein Speiseopfer *(Torma)*, Schalen mit Getreide, Nüssen, Reis, Wasser und *Chang*, Räucherstäbchen, eine Schale mit gesprossener Gerste, eine Kanne mit Wasser und anderes platziert. Auf der hinteren, höher gelegenen Ebene – es handelt sich hier um einen mit Hilfe einer Stellage stufenförmig aufgebauten Altar – werden dann links und rechts Früchte sowie im Zentrum verschiedene *Khabse* paarweise übereinander gestapelt, abwechselnd im Längs- und Querformat. Darüber werden Ketten mit Käse *(Chura)* gehängt. Obenauf wird der Schafskopf arrangiert, der häufig bunt verziert ist. In den meisten Landesteilen schmückt man den Altar aufgrund der buddhistischen Tradition, niemals Tiere zu opfern, mit einem aus Tsampa oder Ton nachgebildeten Schafskopf. Dekoriert wird er mit dreieckigen Butterstückchen auf Stirn und Nase, sein Maul stets reich mit Butter oder Gras gefüllt. Zuoberst werden nochmals Sonne, Mond und Bindu als Symbole der Erleuchtung und des erfüllten Lebens platziert.

Der Neujahrstag

Der Neujahrstag beginnt in aller Frühe. Im Raum Lhasa kommt schon gegen zwei Uhr morgens der »Weiße Reis« *(Dräkar)* vorbei, ein »alter« Mann, der eine komische, typisch tibetische Maske trägt, sich auf seinen Stock lehnt und der Frau des Hauses seine außergewöhnlich große

Chang-Schale zum Auffüllen hinhält. Apropos komisch: Wer einmal den »Weißen Reis« erlebt hat, der auch stets bei den traditionellen Hochzeitsfeierlichkeiten auftritt, weiß, dass es seine Hauptaufgabe ist, die Leute zum Lachen zu bringen, gute Laune zu verbreiten und den Menschen eine lockere Haltung zum Leben vorzuführen. Witz, Ulk, Schabernack, Humor sind deshalb seine maßgeblichen Charakteristika. Mit seinen witzigen Sprüchen über seine Maske, seinen Stock, seine *Chang*-Schale und anderes ist der »Weiße Reis« der unverzichtbare Glücksbote des neuen Jahres. Wer nicht schon in freudiger Erregung an diesem »Wecken« teilgenommen hat, wird gegen drei Uhr früh von der Dame des Hauses geweckt, die jedem in seinem Bett *Chang'go* (Seite 151) serviert, – einen aufgekochten, heißen *Chang*.

Der »Weiße Reis«

Das Familienoberhaupt bringt den Gottheiten ein kleines Opfer auf dem Hausaltar dar, indem es der Schale mit dem *Chang* mit der Kuppe des Ringfingers der linken Hand einige Tropfen entnimmt und als Opfergaben versprengt. Danach greift es aus der Schale mit Tsampa mit drei Fingern ein kleines Häufchen und isst es, um so der Segnung der Gottheiten teilhaftig zu werden. Nach einem kurzen Schlaf, der besonders dem von den Tibetern als so wichtig erachteten Körperfett zugute kommen soll, frühstücken alle um etwa fünf Uhr den mit Rosinen, kleinen süßen Kartoffeln und anderen Zutaten vermischten Reis *(Droma Dräsil)* und Buttertee.

Wenn die Hausfrau das erste Wasser des Jahres schöpft, legt sie auf einem Felsen einen *Khatakh* mit einem *Khabse* und einem Stückchen Butter nieder. Wer einen Wasserkran im Haus hat, bindet das *Khabse* mit Hilfe des *Khatakh* daran fest und schmiert ein Stückchen Butter als Glück verheißendes Omen auf den Kran.

Das Teilen des Neujahrsopfers

Nachdem sich die ganze Familie gegen zehn Uhr versammelt hat, wird das Familienoberhaupt den am Tag zuvor zubereiteten Schafskopf hereinbringen und, nachdem es selbst etwas gegessen hat, die Hälften des Kopfes herumreichen, so dass jeder zumindest ein kleines Stück davon zu sich nehmen kann.

Die Sitte, ihn gemeinsam in der Familie zu verzehren, wird noch heute von vielen Familien geübt. Welche Vorstellung sich dahinter verbirgt, ist nicht einfach auszumachen. Bekanntlich fand der Schafskopf als archaisches Symbol in der vorbuddhistischen Periode als Opfergabe für die Götter Verwendung. Seine rituelle Darbringung sollte vor allen denkbaren Naturgefahren, Krankheiten und negativen Einflüssen bewahren. Wenn er damit allgemein die dem Leben feindlich gesonnenen Kräfte versinnbildlicht, halte ich für nicht ausgeschlossen, dass er auch vor feindlichen Übergriffen schützen sollte und damit vielleicht sogar wahr ist, dass der Schafskopf für den Kopf des Feindes steht, wie mir ein älterer Tibeter erzählte. Der Verzehr des Schafskopfes im Familienkreis könnte damit als eine uralte symbolträchtige, kultische Handlung interpretiert werden, die den gemeinsam errungenen Sieg über den Feind in Erinnerung rufen und jedem die Bedeutung gemeinschaftlichen Handelns verdeutlichen soll.

Die Symbolik dieses Brauches ist den Menschen in Tibet gar nicht mehr bewusst. Allein die Bedeutung, die diesem Akt rein unbewusst von vielen beigemessen wird, lässt jedoch erahnen, dass es sich um eine Handlung von hohem Symbolwert handeln muss. Heute interpretieren viele den Schafskopf in einer eher oberflächlichen Weise als Symbol für die Erzeugnisse und Produkte der Nomadenwirtschaft.

Anmerkung

Bemüht habe ich mich darum, lediglich originale tibetische Gerichte, die auf eine längere Tradition zurückblicken, in dieses Buch aufzunehmen. Zugleich empfand ich es als wichtig, sie mit all den Gemüsesorten zu kombinieren, die die Tibeter heute wie selbstverständlich zu sich nehmen, obwohl sie früher nur in bestimmten Landesteilen vorkamen und auch dort zum Teil nur selten erhältlich waren. Wenn die Gerichte damit hier in ihrer geschmackvollen und nahrhaften Variante präsentiert werden, habe ich zugleich Wert darauf gelegt, eine möglichst repräsentative Palette an Gerichten vorzustellen, die auch der Vielfalt der Essgewohnheiten, wie sie in den unterschiedlichen Landesteilen vorherrschen, gerecht wird. Mag es auch Varianten der Zubereitung bestimmter Speisen geben, habe ich die Koch- und Essgewohnheiten sowie die Gerichte natürlich oft so beschrieben, wie ich sie kannte und wie sie in meiner Heimatregion, der Gegend des Klosters Sakya im westlichen Zentraltibet, gepflegt werden.

Maße und Abkürzungen

EL	Esslöffel
TL	Teelöffel
g	Gramm
kg	Kilogramm
l	Liter
ml	Milliliter

Wenn nicht anders angegeben, sind Tee- und Esslöffel gestrichen gefüllt.

Alle Rezepte bis auf die, bei denen es nur wenig Sinn macht, sind, wenn nicht anders angegeben, für vier Personen berechnet.

Zur Aussprache:
»zh« in tibetischen Bezeichnungen spricht sich wie »j« im französischen »Journal«.

Eintöpfe und Suppen
Zhälthug dang Zhälthang

ཞལ་ཐུག་དང་ཞལ་ཐང་ །

Eintöpfe und Suppen sind ein fester Bestandteil der tibetischen Alltagsküche. Sie werden zumeist mittags und abends gegessen, die Reste auch schon mal am nächsten Morgen. In der Regel handelt es sich um eine Fleischbrühe mit Einlage. Da Gemüse in den Hochlagen Tibets rar ist, sind Nudeln und Momos die vorwiegenden Einlagen.

Rinderkraftbrühe
རུས་ཐང་། / *Rüthang*

für 4-6 Personen

3 Knoblauchzehen
1 Stück Ingwerwurzel (20 g)
1 kg Suppenknochen vom Rind
6-7 Korianderzweige

Knoblauch und Ingwer schälen und fein hacken.
In einem großen Topf Knochen, Knoblauch, Ingwer und Salz mit 2½ l Wasser bei schwacher Hitze etwa eine Stunde köcheln.
Den Koriander waschen, die Blätter abzupfen und fein hacken. Die Brühe durch ein Sieb gießen, mit Salz abschmecken. Vor dem Servieren mit dem Koriander bestreuen.

Zu dieser klaren Suppe werden in der Regel Momos (Seite 119 ff.) serviert.

Klare Ochsenschwanzsuppe
གཞུག་རྟོ། / *Zhugto*

500 g Ochsenschwanz
2 Knoblauchzehen
1 Stück Ingwerwurzel (etwa 3 cm)
¼ TL Sichuanpfeffer

Den Ochsenschwanz in Stücke zerteilen, unter fließendem Wasser waschen und in einen Topf geben. Knoblauch und Ingwer schälen und fein hacken. Die Knochen mit 1 l Wasser bedecken, Knoblauch, Ingwer, ½ TL Salz und den Sichuanpfeffer dazugeben und das Ganze etwa eine Stunde köcheln.
Durch ein Sieb gießen und auskühlen lassen. Das oben schwimmende Fett abnehmen und die Ochsenschwanzsuppe erhitzen. Als klare Suppe servieren oder als Basis für andere Suppen und Eintöpfe verwenden.

Rindfleisch-Nudel-Suppe

ཤ་འཐེན་ཐུག / *Scha Thenthuk*

für 4-6 Personen

500 g Weißmehl
500 g Rindfleisch
1 Tomate
300 g Rettich
1 Zwiebel
1 Knoblauchzehe
1 Stück Ingwerwurzel (2 cm)
½ Bund Koriandergrün
1 EL Öl
1½ l Brühe
2 EL Sojasauce

Das Weißmehl mit ¼ l lauwarmem Wasser zu einem Teig verkneten und ruhen lassen, bis die Suppe gekocht hat.
Das Fleisch waschen, trockentupfen und in sehr kleine Stücke schneiden. Die Tomate fein würfeln, den Rettich putzen und in feine Streifen schneiden. Zwiebel, Knoblauch und Ingwer schälen und fein hacken. Den Koriander waschen, die Blätter abzupfen und fein hacken.
Das Öl erhitzen, Zwiebel, Knoblauch und Ingwer andünsten. Das Fleisch unter Rühren darin anbraten. Tomate und Rettich hinzugeben, mit der Brühe aufgießen und etwa 20 Minuten kochen.
Den Teig in zwei Stücke teilen und jedes auf einer bemehlten Arbeitsfläche etwa ½ cm dick ausrollen. Etwa 2 cm große Quadrate aus dem ausgerollten Teig schneiden und in die kochende Suppe geben. Alles 5 Minuten kochen, bis die Nudeln oben schwimmen. Mit Salz und Sojasauce abschmecken. Die Suppe warm mit dem Koriander servieren.

Die Thenthug (S. 64) ist neben der Gyathug die meist gegessene tibetische Nudelsuppe.

Die Gyakhö (S. 87), eine mit viel Rind- und Hühnerfleisch zubereitete Suppe mit verschiedenem Gemüse und Glasnudeln, zählt zu den Spezialitäten der tibetischen Küche.

Momos – hier mit rein vegetarischer Füllung (S. 124) – bilden eine Lieblingsspeise der Tibeter. Ihre Zubereitung erfordert einiges Geschick.

Snacks vom »Dach der Welt«: tibetischer Hartkäse (Chura), der lutschend verzehrt wird (1), in Kringelform und grob zerbröselt für Suppen usw. verwendet wird (2) sowie in fein zerriebener Form als Zutat von z.B. Tsampa (3). Allseits beliebt sind Aprikosen (4). Aus Käse, Butter und braunem Zucker wird Thü (5) zubereitet. Ein schmackhafter Imbiss sind die dunkelbraunen Süßkartoffeln Droma (6).

Die Formen des zum Neujahrsfest zubereiteten Feingebäcks Khabse sind äußerst vielfältig. Nicht selten wird auch mit mehrfarbigem Teig gearbeitet. Unten rechts finden sich die beliebten Süßkartoffeln Droma.

Rindersuppe mit Spaghetti
ཤ་རྒྱ་ཐུག / *Scha Gyathug*

500 g Rindfleisch oder Rinderknochen mit Fleisch
1 Tomate
3 Frühlingszwiebeln
2 Knoblauchzehen
1 Stück Ingwerwurzel (20 g)
1 EL Öl
1½ l Gemüsebrühe
500 g Eier-Spaghetti
2 EL Sojasauce

Das Fleisch waschen, trockentupfen und in sehr feine Streifen schneiden. Die Tomate in Streifen schneiden, die Frühlingszwiebeln putzen und in feine Ringe schneiden. Knoblauch und Ingwer schälen und fein hacken.
Das Öl erhitzen, Knoblauch und Ingwer andünsten. Das Fleisch unter Rühren darin anbraten. Mit der Brühe aufgießen, salzen und etwa 30 Minuten kochen.
In einem zweiten Topf die Nudeln in Salzwasser garen. Abgießen, zur Suppe geben und einmal aufkochen. Das Ganze mit Sojasauce abschmecken, mit Frühlingszwiebeln und Tomate servieren.

Rindersuppe mit Eier-Bandnudeln
ཤ་ཆི་ཙི། / *Scha Chitsi*

500 g Rindfleisch
500 g Suppenknochen vom Rind
3 Knoblauchzehen
1 Stück Ingwerwurzel (20 g)
2 EL Sojasauce
300 g Eier-Bandnudeln
6-7 Korianderzweige

Das Fleisch waschen, trockentupfen und in kleine Stücke schneiden. Knoblauch und Ingwer schälen und in einem Mörser zerstoßen.
In einem großen Topf Knochen, Fleisch, Knoblauch, Ingwer, Sojasauce und Salz mit 1½ l Wasser bei schwacher Hitze etwa 45 Minuten köcheln. Knoblauch und Ingwer herausnehmen, die Nudeln dazugeben und 15 Minuten kochen. Den Koriander waschen, die Blätter abzupfen und fein hacken. Die Suppe mit Salz abschmecken und vor dem Servieren mit dem Koriander bestreuen.

Fleischsuppe mit Nudeln in Gnocchi-Art
ཤ་བག་ཐུག / *Scha Bagthuk*

500 g Mehl
500 g Rindfleisch oder Rinderknochen mit Fleisch
1 Tomate
300 g Rettich
1 Zwiebel
1 Knoblauchzehe
1 Stück Ingwerwurzel (2 cm)
½ Bund Koriandergrün
1 EL Öl
1½ l Brühe oder Wasser
2 EL Sojasauce

Das Mehl mit ¼ l Wasser vermischen und zu einem elastischen Teig verkneten. Zu einer Kugel formen, in Klarsichtfolie einwickeln und bei Zimmertemperatur 30 Minuten ruhen lassen. Dann den Teig auf einer bemehlten Arbeitsfläche 1 bis 2 cm dick ausrollen. In dünne Streifen schneiden und diese zwischen den Händen zu kleinfingerdicken Rollen formen. In 1 cm lange Stücke schneiden und mit dem Daumen zu einer Muschel formen. Zwischendurch die Nudeln mit Mehl bestäuben, damit sie nicht aneinander kleben.
Das Fleisch waschen, trockentupfen und in sehr feine Streifen schneiden. Die Tomate fein würfeln, den Rettich putzen und in feine Streifen schneiden. Zwiebel, Knoblauch und Ingwer schälen und fein hacken. Den Koriander waschen, die Blätter abzupfen und fein hacken.
Das Öl erhitzen, Zwiebel, Knoblauch und Ingwer andünsten. Das Fleisch unter Rühren darin anbraten. Brühe und Sojasauce aufgießen und etwa 20 Minuten kochen. Dann Tomatenwürfel und Rettichstreifen hinzufügen. Die Nudeln hinzugeben und kochen, bis sie an der Oberfläche schwimmen.
Mit Salz abschmecken und mit dem Koriander warm servieren.

Weizenschrot-Suppe
གྲོ་ཐུག / *Dröthuk*

am Vortag beginnen

150 g Weizenschrot oder Perlgraupen
500 g Rinderknochen mit Fleisch
500 g Rettich
200 g frischer Spinat

Das Weizenschrot auf ein Sieb geben und waschen. Über Nacht in kaltem oder vier bis fünf Stunden in heißem Wasser einweichen.
Die Knochen waschen. Den Rettich waschen und in 1 cm dicke und 3 bis 4 cm lange Stücke schneiden. Den Spinat waschen und putzen, die Blätter eventuell in mundgerechte Stücke zupfen.
In einem Topf Weizenschrot und Knochen mit 1 l Wasser zum Kochen bringen und etwa eine Stunde köcheln. Den Rettich dazugeben und weitere 15 Minuten kochen. Zum Schluss den Spinat in die Suppe geben und mit Salz abschmecken.

Reissuppe
འབྲས་ཐུག / *Dräthuk*

500 g Rinderknochen mit Fleisch
150 g Reis
250 g frischer Spinat
250 g Hackfleisch

Die Knochen und den Reis waschen. Den Spinat waschen und putzen, die Blätter eventuell in mundgerechte Stücke zupfen.
In einem Topf Reis, Hackfleisch und Knochen mit 1 l Wasser zum Kochen bringen und etwa eine Stunde köcheln. Zum Schluss den Spinat in die Suppe geben und mit Salz abschmecken.
Die Suppe wird mit den Knochen serviert. Wenn die Suppenschale leer ist, nimmt man die Knochen in die Hand und isst das Fleisch direkt vom Knochen.

Gerstensuppe
རྩམ་ཐུག / *Tsamthuk*

250 g Rindfleisch
60 g Butter
200 g Tsampa (Seite 131) oder Vollkornmehl
1 mittelgroßer Rettich
150 g frischer Spinat
100 g Feta

Das Fleisch waschen, trockentupfen und in schmale Streifen schneiden.
Die Butter erhitzen und das Fleisch anbraten. Nach etwa 3 Minuten mit 1 l Wasser ablöschen und 20 Minuten kochen.
Währenddessen das Tsampa mit ½ l Wasser mischen. Den Rettich putzen, schälen und in fingerdicke Stücke schneiden. Den Spinat waschen, putzen und in mundgerechte Streifen schneiden. Den Rettich in 1 l kochendes Wasser geben und etwa 15 Minuten kochen, dann die Tsampa-Mischung hinzufügen. Alles unter Rühren weitere 5 Minuten kochen. Den Feta fein würfeln, mit dem Spinat in die Suppe geben und mit Salz abschmecken.
Heiß servieren.

Maissuppe
ཨ་ཤོམ་ཐང་། / *Aschom Thang*

4 gekochte Maiskolben oder 300 g Gemüsemais aus der Dose
1 Zwiebel
2 Knoblauchzehen
6-7 Korianderzweige
1 EL Butter
1 l Gemüsebrühe
1 EL Sojasauce
½ TL Zucker
1 TL Speisestärke

Die Maiskörner von den Maiskolben lösen. Zwiebel und Knoblauch schälen und fein hacken. Den Koriander waschen, die Blätter abzupfen und fein hacken.
In einem Topf die Butter erhitzen, Zwiebel und Knoblauch anbraten. Die Maiskörner hinzugeben und mit der Brühe aufgießen. Mit Sojasauce, Salz und Zucker einige Minuten köcheln. Die Speisestärke mit etwas Wasser anrühren, die Suppe damit binden und alles 1 weitere Minute köcheln.
Vor dem Servieren mit dem Koriander garnieren.

Käsesuppe
ཕྱུར་རུལ། / *Tschuru*

Alle Zutaten in der Brühe gut verrühren und das Ganze bei schwacher Hitze 5 bis 10 Minuten kochen. Dabei ständig rühren, damit nichts ansetzt.
Wenn die Suppe zu dünn ist, sie mit etwas Speisestärke binden. Diese mit etwas Wasser verrühren und unter Rühren in die kochende Suppe geben.

60 g Blauschimmelkäse
2 TL Chilipulver
2 EL Tsampa oder Mehl
2 EL Butter
1 l Gemüse- oder Fleischbrühe

Rettichsuppe
ལ་ཕུག་ཤ་ཐང་། / *Labu Schathang*

Das Fleisch waschen, trockentupfen und in große Stücke schneiden. Den Rettich putzen und in 5 cm lange Stücke schneiden. Die Zwiebel schälen und vierteln. Knoblauch und Ingwer schälen und fein hacken.
Fleisch, Zwiebel, Knoblauch und Ingwer in einen Topf geben, mit Wasser bedecken, mit einer Prise Sichuanpfeffer und Salz würzen. Die Suppe zum Kochen bringen und bei schwacher Hitze etwa anderthalb Stunden köcheln.
Den Knochen entnehmen und das Fleisch lösen. Den Rettich in die Suppe geben und alles weitere 20 Minuten kochen.

Die Suppe wird getrunken, Fleisch und Rettich werden mit Pak (Seite 132), Tingmos (Seite 135) und Chilisauce gegessen.

500 g Rindfleisch oder Rinderknochen mit Fleisch
500 g Rettich
1 Zwiebel
2 Knoblauchzehen
1 Stück Ingwerwurzel (3-5 cm)
Sichuanpfeffer

Nesselsuppe
ཟྭ་ཐུག / *Sathuk*

Die Nesselsuppe wird auch Milarepas Essen genannt. Milarepa (1040 - 1123) ist der berühmteste tibetische Yogi. Er ernährte sich während seiner Meditationen in den Höhlen des Himalaja jahrelang ausschließlich von dieser Suppe.

500 g junge Brennnesselblätter
3 Knoblauchzehen
1 Stück Ingwerwurzel (1-2 cm)
1 EL Öl
½ TL Sichuanpeffer
1 l Gemüsebrühe

Die Brennnesselblätter gründlich waschen, eventuell die Blätter abzupfen. Knoblauch und Ingwer schälen und fein hacken.
In einem großen Topf etwas Wasser erhitzen und die Brennnesselblätter 1 Minute blanchieren. Auf ein Sieb gießen und die Blätter fein hacken.
In einem zweiten Topf das Öl erhitzen, Knoblauch und Ingwer andünsten, mit Sichuanpfeffer würzen. Die Brennnesselblätter hinzugeben und die Brühe angießen. Einmal aufkochen und mit Salz abschmecken.

Variante
Die Suppe lässt sich verfeinern, indem man sie mit Speisestärke bindet und mit Sahne anreichert.

Vegetarische Nudelsuppe

ཚལ་འཐེན་ཐུག / *Tsä Thenthuk*

500 g Weißmehl
250 g frischer Spinat
200 g Rettich
2 große Möhren
200 g Tofu
1 Tomate
3 Frühlingszwiebeln
1½ l Gemüsebrühe
2 EL Sojasauce

Das Weißmehl mit ¼ l lauwarmem Wasser zu einem Teig verkneten und ruhen lassen, bis die Suppe gekocht hat.
Den Spinat waschen, putzen und in mundgerechte Streifen schneiden. Rettich und Möhren putzen und in feine Streifen schneiden. Den Tofu in Würfel schneiden. Die Tomate fein würfeln, die Frühlingszwiebeln putzen und in feine Ringe schneiden.
Die Brühe mit Salz zum Kochen bringen, Rettich, Möhren und Tofu 15 Minuten darin kochen.
Währenddessen den Teig in zwei Stücke aufteilen und jedes Stück auf einer bemehlten Arbeitsfläche etwa ½ cm dick ausrollen. Etwa 2 cm große Quadrate aus dem Teig schneiden und in die kochende Suppe geben. Sojasauce beifügen und alles 5 Minuten kochen, bis die Nudeln oben schwimmen.
Spinat, Tomate und Frühlingszwiebeln dazugeben und warm servieren.

Vegetarische Suppe mit Nudeln in Gnocchi-Art

ཚལ་བག་ཐུག / *Tsä Bagthuk*

500 g Mehl
300 g Rettich
250 g frischer Spinat
3 Frühlingszwiebeln
1 Tomate
200 g Tofu
1 Zwiebel
1 Knoblauchzehe
1 Stück Ingwerwurzel (2 cm)
2 EL Öl
1½ l Gemüsebrühe
2 EL Sojasauce
2 EL frisch gehacktes Koriandergrün

Das Mehl mit ¼ l Wasser vermischen und zu einem elastischen Teig verkneten. Zu einer Kugel formen, in Klarsichtfolie einwickeln und bei Zimmertemperatur 30 Minuten ruhen lassen. Dann den Teig auf einer bemehlten Arbeitsfläche 1 bis 2 cm dick ausrollen. In dünne Streifen schneiden und diese zwischen den Händen zu kleinfingerdicken Rollen formen. In 1 cm lange Stücke schneiden und mit dem Daumen zu einer Muschel formen. Zwischendurch die Nudeln mit Mehl bestäuben, damit sie nicht aneinander kleben.

Rettich und Spinat waschen, putzen und in feine Streifen schneiden. Die Frühlingszwiebeln putzen und in feine Ringe schneiden. Tomate und Tofu fein würfeln. Zwiebel, Knoblauch und Ingwer schälen und fein hacken.

Das Öl erhitzen, Zwiebel, Knoblauch und Ingwer andünsten. Brühe und Sojasauce aufgießen und etwa 20 Minuten kochen. Dann Tofu, Tomate und Rettich hinzufügen. Die Nudeln zu der kochenden Suppe geben und weiterkochen, bis sie an der Oberfläche schwimmen. Zum Schluss Spinat und Frühlingszwiebeln in die Suppe geben. Mit Salz abschmecken und mit Koriander warm servieren.

Vegetarische Suppe mit Eier-Bandnudeln

ཚལ་ཆི་ཙི། / *Tsä Chitsi*

Sellerie und Lauch waschen und in 5 cm lange Stücke schneiden. Die Möhren putzen, halbieren und in zwei Stücke schneiden. Die Zwiebel schälen und vierteln. Knoblauch und Ingwer schälen und in einem Mörser zerstoßen. Alles in 1¾ l Wasser mit dem Brühwürfel 30 bis 40 Minuten kochen. Dann die Brühe durch ein Sieb gießen. Die Brühe mit den Nudeln weitere 15 Minuten kochen.
Den Koriander waschen, die Blätter abzupfen und fein hacken. Die Suppe mit Salz abschmecken und vor dem Servieren mit dem Koriander bestreuen.

2 Stangen Sellerie
1 Stange Lauch
2 Möhren
1 Zwiebel
3 Knoblauchzehen
1 Stück Ingwerwurzel (3 cm)
1 Würfel Gemüsebrühe
300 g Eier-Bandnudeln
6-7 Korianderzweige

Suppe mit vegetarischen Momos

ཚལ་མོག་ཐུག། / *Tsä Mogthug*

Die Momos wie beschrieben zubereiten. Die Brühe zum Kochen bringen, die Momos zugeben und kochen, bis sie oben schwimmen. Den Koriander waschen, die Blätter abzupfen und fein hacken. Die Suppe mit dem Koriander servieren.

vegetarische Momos (Seite 124)
Gemüsebrühe (Seite 74)
1 Bund Koriandergrün

Suppe mit Fleisch-Momos
ཤ་མོག་ཐུག / *Scha Mogthug*

Diese Suppe ist unter den Tibetern sehr beliebt und wird häufig gegessen.

Schweinefleisch-Momos (Seite 123) oder Rindfleisch-Momos (Seite 123)
Rinderkraftbrühe (Seite 63)
1 Bund Koriandergrün

Die Momos wie beschrieben zubereiten. Die Brühe zum Kochen bringen, die Momos zugeben und kochen, bis sie oben schwimmen. Den Koriander waschen, die Blätter abzupfen und fein hacken. Die Suppe mit dem Koriander servieren.
Die *Scha Mogthug* bzw. die *Tsä Mogthug* (Seite 73) sind kräftige Brühen mit der entsprechenden Momo-Einlage. Üblicherweise besitzen die Momos für diese beiden Suppen eine etwas länglichere Form.

Gemüsebrühe
ཚལ་ཐང་། / *Tshäthang*

2 Möhren
2 Stangen Sellerie
1 Stange Lauch
1 Zwiebel
3 Knoblauchzehen
1 Stück Ingwerwurzel (3 cm)
1 Würfel Gemüsebrühe

Die Möhren putzen, halbieren und in zwei Stücke schneiden. Sellerie und Lauch waschen und in 5 cm lange Stücke schneiden. Die Zwiebel schälen und vierteln. Knoblauch und Ingwer schälen und in einem Mörser zerstoßen. Alles in 1¾ l Wasser mit dem Brühwürfel 30 bis 40 Minuten kochen.
Die Brühe durch ein Sieb gießen, als klare Gemüsesuppe heiß servieren oder als Basis für andere Suppen oder Eintöpfe weiterverwenden.

Fleisch und Geflügel
Scha Natshoki Zhälag

ཤ་སྣ་ཚོགས་ཀྱི་ཞལ་ལག

Neben Tsampa und Butter stellt Fleisch das wichtigste Nahrungsmittel der Tibeter dar. Gegessen wird es, eher traditionell, in gekochter und getrockneter Form, aber auch gebraten und geröstet. Aufgrund der kargen Vegetation Zentraltibets ist es ein nicht zu ersetzender Bestandteil der Ernährung. Im Widerspruch zu einer buddhistischen Lebensweise steht letztlich weniger der Verzehr von Fleisch als die Schlachtung.
Seit jeher sind Yak- und Schaffleisch die bevorzugten Fleischsorten. Schweine- und Hühnerfleisch sowie Fisch werden erst in jüngerer Zeit zunehmend verzehrt.

Lamm in würziger Marinade
ལུག་ཤ་བཙོས། / *Lugscha Ngö*

Der indische Einfluss in diesem Gericht ist durch den Handel zwischen Tibet und Indien zu erklären. Tibetische Kaufleute brachten die Gewürze mit nach Tibet, wo Currys zubereitet wurden, die allerdings nicht die Schärfe der indischen besitzen.

am Vortag beginnen
für 4-6 Personen

600 g Lammfleisch aus der Schulter
3 Gemüsezwiebeln
4 Fleischtomaten
1 EL Öl
1 Zimtstange
1 Stück Sternanis
5 Gewürznelken
2-3 Lorbeerblätter

für die Marinade:
2 Knoblauchzehen
1 Stück Ingwerwurzel (20 g)
250 g Joghurt oder Crème fraîche
1 EL edelsüßer Paprika
1 TL Curry

Für die Marinade Knoblauch und Ingwer schälen und fein hacken. Den Joghurt glatt rühren und alle Zutaten unterrühren.
Das Lammfleisch unter fließendem Wasser waschen, trockentupfen und in mundgerechte Stücke schneiden. In der Marinade einlegen und über Nacht in den Kühlschrank stellen.
Am nächsten Tag die Gemüsezwiebeln schälen und in Streifen, die Tomaten in dünne Spalten scheiden.
In einem Schmortopf das Öl erhitzen und die Zwiebeln glasig dünsten. Zimt, Sternanis, Nelken und Lorbeerblätter hinzufügen und alles unter Rühren dünsten, bis die Zwiebeln braun sind. Die Tomaten hinzufügen und gut braten, dann erst das Fleisch mit der Marinade dazugeben. Wenn das Ganze zu kochen beginnt, salzen und bei mittlerer Hitze etwa 20 Minuten schmoren, dabei immer wieder umrühren. Sieht das Fleisch zu trocken aus, ¼ l Wasser zugießen. Zugedeckt bei schwacher Hitze weitere 40 Minuten schmoren.

Dazu reicht man Reis oder Tingmos (Seite 135).

Schweinefleisch mit Spitzkohl
ཕག་ཤ་དང་ལོ་འཁོར་པད་ཚལ་ / *Phagscha dang Lokho pätshä*

für 4-6 Personen

500 g Schweinefleisch aus der Oberschale
1 Spitzkohl (500 g)
1 rote Paprikaschote
1 Möhre
1 Zwiebel
2 Knoblauchzehen
1 Stück Ingwerwurzel (20 g)
1 EL Öl
1 TL Sojasauce

Das Schweinefleisch waschen, trockentupfen und in Streifen schneiden. Den Kohlstrunk herausschneiden und die Blätter in 2 cm breite Streifen schneiden. Die Paprika halbieren und entkernen, das weiße Fruchtfleisch entfernen, die Schote in feine Streifen schneiden. Die Möhre putzen und ebenfalls in feine Streifen schneiden. Zwiebel, Knoblauch und Ingwer schälen und fein hacken.
In einem Schmortopf das Öl erhitzen, Zwiebeln, Knoblauch und Ingwer andünsten. Das Fleisch hinzugeben, salzen und unter Rühren von allen Seiten anbraten. Die Möhre hinzufügen und unter Rühren 1 Minute braten. Die Kohlstreifen ebenfalls 1 Minute bissfest garen, zum Schluss die Paprika hinzufügen. Das Ganze mit Salz und Sojasauce würzen.

Gebratenes Schweinefleisch
ཕག་ཤ་བརྔོས། / *Phagscha Ngö*

für 4-6 Personen

500 g Schweinebauch oder -filet
2 Tomaten
2 rote Zwiebeln
2 Knoblauchzehen
1 Stück Ingwerwurzel (2 cm)
1 Frühlingszwiebel
1 EL Öl
¼ TL Sichuanpfeffer
1 TL Sojasauce

Das Schweinefleisch waschen, von Haut und Sehnen befreien und trockentupfen. Mit einem großen Messer quer zur Faser in dünne Streifen schneiden.
Die Tomaten fein würfeln. Zwiebeln, Knoblauch und Ingwer schälen und fein hacken. Die Frühlingszwiebel putzen und in 2 cm dicke Stücke schneiden.
In einem Wok das Öl erhitzen und das Fleisch nach und nach unter Rühren anbraten, salzen. Herausnehmen und zugedeckt warm halten. Dann das Gemüse dünsten, zuerst die Zwiebeln, dann Knoblauch, Ingwer, Tomaten und den Sichuanpfeffer hinzufügen. Das Ganze unter Rühren ein paar Minuten bissfest garen. Das Rindfleisch unterrühren, mit Sojasauce und Salz würzen.
Mit der Frühlingszwiebel dekorieren und heiß servieren.

Dazu reicht man in Tibet Tsampa (Seite 131), Tingmos (Seite 135) oder Brot.

Gebratenes Rindfleisch

ཤ་བཀྲག / *Schatra*

500 g Rinderfilet
1 rote Paprikaschote
1 grüne Paprikaschote
2 Tomaten
1 Bund Frühlingszwiebeln
2 Knoblauchzehen
1 Stück Ingwerwurzel (20 g)
2 EL Öl
1 EL fein gehackte grüne Chilischote
¼ TL Sichuanpfeffer
Sojasauce

Das Fleisch waschen, trockentupfen, von Haut und Sehnen befreien. Mit einem großen Messer quer zur Faser in dünne Streifen schneiden. Die Paprika halbieren und entkernen, das weiße Fruchtfleisch entfernen, die Schoten in dünne, mundgerechte Streifen schneiden. Die Tomaten fein würfeln, die Frühlingszwiebeln putzen und in 2 cm lange Stücke schneiden. Knoblauch und Ingwer schälen und fein hacken.
In einem Wok das Öl erhitzen und das Fleisch nach und nach unter Rühren anbraten, salzen. Herausnehmen und zugedeckt warm halten. Zuerst die Frühlingszwiebeln und die Paprika dünsten, dann Knoblauch, Ingwer, Tomaten, Chili und Sichuanpfeffer hinzufügen. Alles unter Rühren ein paar Minuten bissfest garen. Das Fleisch unterrühren, mit Salz und Sojasauce abschmecken. Heiß servieren.

Dazu reicht man in Tibet Tsampa (Seite 131), Tingmos (Seite 135) oder Brot.

Rindfleisch mit Glasnudeln

ཕིང་ཤ། / *Phingscha*

Phingscha ist ein typisches Festtagsessen. Es wird auf Hochzeiten oder zum Neujahrsfest serviert. Traditionell wird das Gericht mit klein gewürfeltem Rippenfleisch samt Knochen zubereitet.

für 4-6 Personen

100 g Glasnudeln aus Mungobohnen
500 g Kartoffeln
1 Zwiebel
2 Knoblauchzehen
1 Stück Ingwerwurzel (20 g)
2 EL Öl
½ TL Sichuanpfeffer
500 g Rindergulasch
2 Fleischtomaten
½ l Brühe
2 Frühlingszwiebeln
½ EL Sojasauce

Die Glasnudeln in eine große Schüssel geben und mit heißem Wasser übergießen, so dass sie vollständig bedeckt sind, und etwa 20 Minuten einweichen.
Währenddessen die Kartoffeln gründlich waschen und in Salzwasser garen. Abgießen, etwas abkühlen lassen, schälen und in mundgerechte Stücke schneiden. Zwiebel, Knoblauch und Ingwer schälen und fein hacken.
In einem Schmortopf das Öl erhitzen und die Zwiebel glasig dünsten. Knoblauch, Ingwer, Sichuanpfeffer und Salz hinzufügen, alles 1 weitere Minute dünsten. Das Fleisch hinzugeben und von allen Seiten anbraten. Die Tomaten fein würfeln und mit der Brühe zum Fleisch geben. Das Ganze bei schwacher Hitze 40 Minuten köcheln, dann die Kartoffeln hinzufügen und eventuell noch etwas Wasser angießen. Die Frühlingszwiebeln putzen und in 1 bis 2 cm lange Stücke schneiden.
Die Glasnudeln mit einer Schere in mundgerechte Stücke schneiden und unter das Schmorgericht rühren. Einmal erhitzen, mit Salz und Sojasauce abschmecken. Mit den Frühlingszwiebeln servieren.

Dazu reicht man Reis oder Tingmos (Seite 135).

Rindfleisch mit Pilzen

ཤ་དང་ཤ་མོ། / *Scha dang Schamo*

500 g Rindfleisch, etwa aus der Oberschale
500 g Champignons
1 große rote Paprikaschote
3 Knoblauchzehen
2 TL Öl
100 ml Brühe

Das Fleisch waschen, trockentupfen und in dünne, mundgerechte Streifen schneiden. Die Champignons mit Küchenpapier säubern, kleine Pilze halbieren, größere in mundgerechte Stücke schneiden – sie also nicht wie üblich in Scheiben schneiden. Die Paprika halbieren und entkernen, das weiße Fruchtfleisch entfernen, die Schote in mundgerechte Stücke schneiden. Den Knoblauch schälen und fein hacken.
In einem Schmortopf das Öl erhitzen, Fleisch und Knoblauch unter Rühren anbraten, bis das Fleisch braun ist. Salzen, mit einer Prise schwarzem Pfeffer abschmecken und die Brühe angießen. Das Fleisch etwa 10 Minuten schmoren, dann die Paprika hinzufügen. Das Ganze unter mehrmaligen Rühren einige Minuten anbraten, dann die Pilze hinzufügen und 5 Minuten schmoren. Nochmals mit Pfeffer und Salz abschmecken.

Dazu reicht man Reis oder Tingmos (Seite 135).

Rindfleisch mit Kartoffeln
ཤ་དང་ཞོག་ཁོག / *Scha dang Zhogo*

für 4-6 Personen

500 g Rindfleisch
500 g Kartoffeln
1 Tomate
1 kleine Zwiebel
2 Knoblauchzehen
1 EL Öl
¼ TL Kurkuma
½ TL Garam Masala (Sternanis, schwarzer Pfeffer, Sichuanpfeffer, Koriander, Kardamom und Zimt)
¼ l Brühe
1 EL frisch gehackter Koriander

Das Fleisch waschen, trockentupfen, von Haut und Sehnen befreien. Mit einem großen Messer quer zur Faser in dünne Streifen schneiden. Die Kartoffeln schälen, waschen und in dünne Streifen schneiden. Die Tomate in Streifen schneiden. Zwiebel und Knoblauch schälen und fein hacken.
In einem Topf das Öl erhitzen und die Zwiebel glasig dünsten. Den Knoblauch dazugeben und kurz mit Kurkuma und Garam Masala braten. Das Fleisch hinzufügen, salzen und unter Rühren garen. Die Kartoffeln mit der Brühe 15 Minuten kochen.
Mit Koriander und Tomatenstreifen dekoriert servieren.

Dazu reicht man Reis oder Tingmos (Seite 135).

Hackfleischbällchen

ཤ་རིལ། / *Scharil*

für 4-6 Personen

500 g mageres Hackfleisch vom Rind
1 Ei
1 EL Speisestärke
1 Zwiebel
3 Knoblauchzehen
100 g Champignons
1 Frühlingszwiebel
2 EL Öl
¼ TL Kurkuma
1 TL Curry
1 EL Sojasauce
100 g Sahne, Joghurt oder Crème fraîche

Das Hackfleisch mit Salz, Pfeffer, Ei und Speisestärke gut mischen und zu walnussgroßen Bällchen formen. Zwiebel und Knoblauch schälen und fein hacken. Die Champignons mit Küchenpapier säubern und in schmale Streifen schneiden. Die Frühlingszwiebel putzen und in feine Ringe schneiden.
In einem Wok das Öl erhitzen und die Hackbällchen von allen Seiten anbraten. Auf einen Teller geben. Im verbliebenen Öl die Zwiebel glasig dünsten. Knoblauch dazugeben, mit Kurkuma, Curry und Sojasauce würzen. Champignons und Hackbällchen hinzufügen, unter Wenden weich garen. Zum Schluss die Sahne unterrühren und das Ganze mit der Frühlingszwiebel garnieren.

Rindfleisch mit gebratenen Nudeln
ཤ་ཐུག་བརྔོས། / *Schathuk Ngö*

für 4-6 Personen

500 g chinesische Eiernudeln
250 g Rindfleisch aus der Oberschale
2 Stangen Sellerie
4 Möhren
¼ Chinakohl
1 Zwiebel
3 Knoblauchzehen
1 Stück Ingwerwurzel (2-3 cm)
2 EL Öl
150 g frische Sojasprossen
1 EL Sojasauce

Die Nudeln in reichlich Salzwasser bissfest kochen. Abgießen, mit etwas Öl vermengen, damit sie nicht verkleben, und im Sieb auskühlen lassen.
Währenddessen das Fleisch waschen, trockentupfen, von Haut und Sehnen befreien. Mit einem scharfen Messer quer zur Faser in sehr dünne Streifen schneiden. Den Sellerie waschen und diagonal in 4 bis 5 cm lange Stücke schneiden. Die Möhren putzen und in dünne Scheiben schneiden. Den Chinakohl putzen und in Streifen schneiden. Zwiebel, Knoblauch und Ingwer schälen und fein hacken.
In einem Wok das Öl erhitzen, Zwiebel, Knoblauch und Ingwer glasig dünsten. Das Fleisch unter Rühren darin anbraten, salzen. Möhren sowie Sellerie hinzugeben und unter Rühren bissfest garen. Zum Schluss Chinakohl, Nudeln und Sojasprossen untermengen, ebenfalls leicht braten. Mit Salz und Sojasauce abschmecken.

Rindfleisch mit gebratenem Reis

ཤ་འབྲས་བརྔོས། / *Schadrä Ngö*

400 g Reis
250 g Rindfleisch aus der Oberschale
1 rote Paprikaschote
1 grüne Paprikaschote
200 g Möhren
1 kleine Zwiebel
3 Knoblauchzehen
1 Stück Ingwerwurzel (2 cm)
2 EL Öl
100 g blanchierte Erbsen
1-2 EL Sojasauce

Den Reis in der doppelten Menge leicht gesalzenen Wassers etwa 20 Minuten garen, bis er körnig ist und das Wasser aufgenommen hat.
Währenddessen das Fleisch waschen, trockentupfen, von Haut und Sehnen befreien. Mit einem scharfen Messer quer zur Faser in kleine Stückchen schneiden. Die Paprika halbieren und entkernen, das weiße Fruchtfleisch entfernen, die Schoten fein würfeln. Die Möhren putzen und ebenfalls fein würfeln. Zwiebel, Knoblauch und Ingwer schälen und fein hacken.
In einem Wok das Öl erhitzen, Zwiebel, Knoblauch und Ingwer glasig dünsten. Das Fleisch unter Rühren darin anbraten. Nach und nach Paprika, Möhren und Erbsen hinzufügen und unter Rühren anbraten. Dann den Reis unterrühren. Mit Sojasauce, Pfeffer und Salz würzen.

Tibetischer Feuertopf
རྒྱ་ཁོག / *Gyakhö*

Für die Brühe den Ingwer schälen und fein hacken. Die Knochen mit dem Ingwer und der ganzen Knoblauchzehe in einen Topf geben, mit 1 bis 1½ l Wasser bedecken und zum Kochen bringen. Mit Salz und Sichuanpfeffer würzen, anderthalb bis zwei Stunden kochen, eventuell etwas Wasser nachgießen. Die Brühe auskühlen lassen. Das Fett abschöpfen und die Brühe durch ein Haarsieb in einen Feuertopf geben.
Die Wolkenohrpilze und Glasnudeln mit heißem Wasser übergießen und etwa 20 Minuten einweichen. Das Fleisch waschen, trockentupfen und quer zu Faser in sehr dünne Streifen schneiden. Den Spinat waschen und putzen, die Blätter eventuell in mundgerechte Stücke zupfen. Die Frühlingszwiebeln putzen und in 3 cm lange Streifen schneiden. Möhre, Sellerie und Lauch putzen, schälen und in feine Streifen schneiden.
Die Brühe in dem Feuertopf erwärmen, Möhren, Lauch, Sellerie, Wolkenohrpilze und Glasnudeln hineingeben und ein paar Minuten kochen. Mit Sojasauce abschmecken.
Den Feuertopf auf ein Rechaud stellen. Fleisch sowie Spinat und Frühlingszwiebeln getrennt auf zwei Platten anrichten. Die Zutaten portionsweise in ein Fonduesieb geben und in der heißen Brühe garen. Zum Schluss die Brühe in Suppentassen geben und den Gästen anbieten.

Dazu passen Reis und Tsampa (Seite 131).

2 Stunden vorher beginnen
für 4-6 Personen

20 g getrocknete Wolkenohrpilze (aus dem Asia-Shop)
100 g Glasnudeln aus Mungobohnen
300 g Rinderfilet
300 g Hähnchenbrust
250 g frischer Spinat
250 g Frühlingszwiebeln
1 große Möhre
1 Stange Sellerie
1 Stange Lauch
4 EL Sojasauce

für die Brühe:
1 Stück Ingwerwurzel (6-9 cm)
1-1½ kg Rinderknochen oder Suppenfleisch
1 Knoblauchknolle
¼ TL Sichuanpfeffer

Gekochter Schafskopf
ལུག་མགོ / *Luggo*

Dies Gericht ist für viele Familien ein unverzichtbarer Bestandteil des Neujahrsessens.

für 4-6 Personen

1 Schafskopf
2 Zwiebeln
2 Knoblauchzehen
½ TL Sichuanpfeffer

Über dem offenen Feuer das Haar des Schafskopfs abbrennen. Mit einem kleinen Messer völlig reinigen und gründlich waschen, so dass keine Haare zurückbleiben. Entweder den ganzen Kopf am Stück kochen oder ihn in zwei oder vier Stücke zerschneiden.
Zwiebeln und Knoblauch schälen und fein hacken. Den Schafskopf mit Zwiebeln und Knoblauch in einen Schnellkochtopf geben, mit Wasser bedecken. 1 TL Pfeffer, den Sichuanpfeffer und 2 TL Salz hinzufügen, alles 30 bis 45 Minuten köcheln.

Entweder als Suppe heiß essen oder über Nacht kühl stellen – dann wird sie zu einer Art Gelatine, die man in Scheiben schneidet und mit Tsampa (Seite 131) oder Tingmos (Seite 135) serviert.

Hähnchenfleisch in würziger Marinade
བྱ་ཤ་བརྔོས། / *Dschascha Ngö*

Für die Marinade den Knoblauch schälen und fein hacken. Den Joghurt mit Salz, Tandoori Masala und Knoblauch verrühren. Das Fleisch unter kaltem Wasser gründlich waschen, abtropfen lassen, in die Marinade legen und über Nacht im Kühlschrank durchziehen lassen.
Die Tomaten fein würfeln. Zwiebeln, Knoblauch und Ingwer schälen und fein hacken.
In einem Topf das Öl erhitzen und die Zwiebel glasig dünsten. Den Knoblauch und die Gewürze hinzugeben. Dann die Tomaten hinzugeben und unter Rühren kochen, bis der Saft verkocht ist. Zum Schluss das Fleisch mit der Marinade in den Topf geben, unter Rühren zum Kochen bringen und bei mittlerer Hitze 40 Minuten köcheln. Dabei immer wieder umrühren und, falls nötig, ¼ l Wasser hinzufügen.

Dazu reicht man Reis oder Tingmos (Seite 135).

am Vortag beginnen

1 kg Hähnchenfleisch mit Knochen, etwa Flügel und Unterschenkel
3 Tomaten
3 Zwiebeln
2 Knoblauchzehen
1 Stück Ingwerwurzel (20 g)
5 EL Öl
5 Gewürznelken
1 EL edelsüßer Paprika
1 TL Garam Masala (Sternanis, schwarzer Pfeffer, Sichuanpfeffer, Koriander, Kardamom und Zimt)
2 Zimtstangen

für die Marinade:
2 Knoblauchzehen
500 g Joghurt oder Crème fraîche
1 TL Tandoori Masala (aus dem Asia-Shop)

Gebratenes Hähnchen

བྱ་ཤ་བཀྲག / *Dschascha Tra*

am Vortag beginnen

1 küchenfertiges Hähnchen (1 kg)
2 Zwiebeln
4 Knoblauchzehen
1 Stück Ingwerwurzel (20 g)
150 g Joghurt
½ TL Paprikapulver
½ TL Kreuzkümmel
1 TL Garam Masala (Sternanis, schwarzer Pfeffer, Sichuanpfeffer, Koriander, Kardamom und Zimt)
2 EL Öl
1 EL frisch gehackter Koriander
nach Geschmack: Chilipulver

Das Hähnchen gründlich unter fließendem Wasser waschen, trockentupfen und mit einer Geflügelschere in acht Teile zerschneiden. Zwiebeln, Knoblauch und Ingwer schälen und im Mixer pürieren. Das Püree mit Joghurt, Salz, Chili, Paprika, Kreuzkümmel und Garam Masala würzen, das Öl untermischen. Die Hähnchenstücke mit der Marinade bestreichen und über Nacht, mindestens aber zwei Stunden einwirken lassen.

Ein Blech mit Öl bestreichen, die Hähnchenteile darauf verteilen und im auf 250° C vorgeheizten Ofen 30 Minuten braten. Die Hitze auf 200° C reduzieren und das Fleisch weitere 20 Minuten braten.

Vor dem Servieren mit Koriander garnieren.

Dazu reicht man Brot oder Tingmos (Seite 135).

Gemüse
Tshälgi Zhälag

ཚལ་གྱི་ཞལ་ལག

Gemüse konnte in Zentral- und Westtibet nur in den klimatisch begünstigten tiefer gelegenen Tälern angebaut werden. Neben Rettich, Kohl, Zwiebeln, Erbsen, Möhren und Kartoffeln bereicherten wild wachsende Gemüsesorten wie vor allem die Süßkartoffel (Droma) und verschiedene Arten von Pilzen den Speiseplan. Da ein Großteil des Gemüses aus dem osttibetischen Raum und den Ländern des Himalaja importiert werden musste, konnte es nur teuer erworben werden. Daher hielten rein vegetarische Gerichte erst mit dem systematisch betriebenen Anbau in Gewächshäusern in den letzten Jahrzehnten verstärkt Einzug in die tibetische Küche.

Glasnudeln mit Gemüse
ཕིང་ཚལ། / *Phingtshä*

für 3 Personen

200 g Glasnudeln aus Mungobohnen
20 g getrocknete Wolkenohrpilze
300 g Chinakohl
150 g Möhren
50 g frischer Spinat
1 große Tomate
1 Zwiebel
2 Knoblauchzehen
1 Stück Ingwerwurzel (20 g)
1 EL Öl
1 EL Sojasauce

Glasnudeln und Wolkenohrpilze mit heißem Wasser übergießen und etwa 20 Minuten einweichen. Dann die Pilze in Streifen schneiden, die Glasnudeln nach Packungsanleitung zubereiten. Chinakohl, Möhren und Spinat waschen, putzen und in dünne Streifen schneiden. Die Tomate fein würfeln. Die Zwiebel schälen und in Ringe schneiden. Knoblauch und Ingwer schälen und fein hacken.
In einem Wok das Öl erhitzen und die Zwiebel glasig dünsten. Knoblauch und Ingwer hinzufügen, Möhren und Pilze unter Rühren anbraten. Die Glasnudeln abgießen und grob zerteilen, Chinakohl, Spinat und Tomate zugeben und unter Rühren einige Minuten erhitzen. Mit Salz und Sojasauce abschmecken.

Dazu passen gut Tingmos (Seite 135).

Gebratener Chinakohl
པད་ཚལ། / *Padtshä*

für 3 Personen

500 g Chinakohl
1 große Tomate
1 Zwiebel
1 Knoblauchzehe
1 Stück Ingwerwurzel (etwa 1 cm)
2 EL Öl
1 TL Sojasauce

Den Chinakohl waschen, putzen und in feine Streifen schneiden, in kochendes Wasser geben und 2 Minuten blanchieren. Das Wasser abgießen und den Chinakohl auf einem Sieb abtropfen lassen. Die Tomate in dünne Streifen schneiden. Die Zwiebel schälen und ebenfalls in Streifen schneiden. Knoblauch und Ingwer schälen und fein hacken.
In einem Wok das Öl erhitzen, Zwiebel, Knoblauch und Ingwer anbraten. Chinakohl und Tomate zugeben, unter ständigem Rühren etwa 2 Minuten anbraten. Mit Salz und Sojasauce abschmecken.

Dazu passen gut Tingmos (Seite 135) oder Momos (Seite 119 ff.).

Gebratene Senfblätter

སྐྱུར་ཚལ། / *Kyurtshä*

für 3 Personen

500 g Senfblätter
1 Zwiebel
1 Knoblauchzehe
1 Stück Ingwerwurzel (etwa 1 cm)
3 EL Öl
1 TL Zucker
1 TL Sojasauce
Chilipulver

Die Senfblätter waschen, putzen und in feine Streifen schneiden. Zwiebel, Knoblauch und Ingwer schälen und fein hacken.
In einem Wok das Öl erhitzen, Zwiebel, Knoblauch und Ingwer anbraten. Die Senfblätter tropfnass hinzugeben und unter ständigem Rühren etwa 2 Minuten anbraten. Mit Salz, Zucker, Sojasauce und etwas Chili abschmecken.

Variante
Anstelle von Senfblättern kann man auch das Grün eines Rettichs verwenden.

Gebratene Nudeln mit Gemüse

ཐུག་ཚལ་བརྔོས། / *Thuktshä Ngö*

für 3 Personen

500 g chinesische Eiernudeln
2 EL Öl
½ Chinakohl
2 Stangen Sellerie
6 Möhren
1 Zwiebel
3 Knoblauchzehen
1 Stück Ingwerwurzel (2-3 cm)
250 g Sojabohnen
4 EL Sojasauce

Die Nudeln in reichlich Salzwasser bissfest kochen. Abgießen, mit etwas Öl vermengen, damit sie nicht verkleben, und im Sieb auskühlen lassen.
Den Chinakohl putzen und in Streifen schneiden. Den Sellerie waschen und diagonal in 2 cm lange Stücke schneiden. Die Möhren putzen und in dünne Scheiben schneiden. Zwiebel, Knoblauch und Ingwer schälen und im Mixer pürieren.
In einem Wok das restliche Öl erhitzen und das Püree anbraten. Möhren sowie Sellerie hinzugeben und unter Rühren bissfest garen. Zum Schluss Chinakohl, Nudeln und Sojabohnen untermengen, ebenfalls leicht braten. Mit Salz und Sojasauce abschmecken.

Gebratener Reis mit Gemüse
འབྲས་ཚལ་བརྔོས། / *Drätshä Ngö*

Das Gemüse putzen und gegebenenfalls in Stücke schneiden. Die Möhren putzen und fein würfeln. Zwiebel, Knoblauch und Ingwer schälen und fein hacken.
In einem Wok das Öl erhitzen, Zwiebel, Knoblauch und Ingwer anbraten. Das Gemüse unter ständigem Rühren darin dünsten, bis es bissfest ist. Mit Sojasauce und Garam Masala würzen. Zum Schluss den Reis untermengen und ebenfalls unter Rühren leicht anbraten.

300 g Gemüse der Saison (Spitzkohl, Mais, Paprika, Pilze)
2 Möhren
1 Gemüsezwiebel
3 Knoblauchzehen
1 Stück Ingwerwurzel (1-2 cm)
2 EL Öl
100 g blanchierte Erbsen
1-2 EL Sojasauce
½ TL Garam Masala (Sternanis, schwarzer Pfeffer, Sichuanpfeffer, Koriander, Kardamom und Zimt)
500 g gekochter Reis

Gebratener Reis mit Eiern
སྒོང་འབྲས་བརྗོས། / *Gongdrä Ngö*

1 Bund Frühlingszwiebeln
4 Eier
2 EL Öl
250 g Möhren
3 Knoblauchzehen
1 Stück Ingwerwurzel (etwa 1 cm)
200 g blanchierte Erbsen
500 g gekochter körniger Reis
2 EL Sojasauce
Chilipulver

Die Frühlingszwiebeln putzen und in feine Ringe schneiden. Die Eier mit etwas Salz verquirlen und mit der Hälfte der Frühlingszwiebeln vermischen.
In einem Wok 1 EL Öl erhitzen und die Ei-Zwiebel-Mischung stocken lassen. Auf einem Teller zur Seite stellen.
Die Möhren putzen und in Stücke schneiden. Knoblauch und Ingwer schälen und fein hacken.
In dem Wok 1 EL Öl erhitzen, die restlichen Frühlingszwiebeln, Knoblauch und Ingwer unter Rühren anbraten. Möhren und Erbsen hinzugeben, den Reis unterheben und anbraten. Das Ganze mit Sojasauce, Salz und Chili abschmecken. Zum Schluss die gestockten Eier unterrühren. Eventuell nochmals abschmecken und sofort servieren.

Gebratene Wolkenohrpilze
མོག་ཤ་བརྗོས། / *Mogscha Ngö*

für 3 Personen

100 g getrocknete Wolkenohrpilze
3 Walnüsse
1 kleine Zwiebel
1 TL Speisestärke
2 EL Butter

Die Wolkenohrpilze mit heißem Wasser übergießen und etwa 20 Minuten einweichen. Die Walnüsse aus der Schale nehmen und sehr fein hacken. Die Zwiebel schälen und fein hacken. Die Speisestärke mit 2 bis 3 EL Wasser verrühren.
In einem Wok die Butter zerlassen und die Zwiebel glasig dünsten. Walnüsse und Pilze darin anbraten. Die Speisestärke einrühren und alles unter Rühren 2 Minuten kochen. Mit Salz abschmecken.

Die gebratenen Pilze werden als Vorspeise mit Tingmos (Seite 135) gegessen.

Gebratener Spitzkohl
ལོ་འཁོར་པད་ཚལ་བརྗོས། / *Lokho Pätshä Ngö*

für 4-5 Personen

1 kg Spitzkohl
2 Tomaten
1 rote Chilischote
1 Zwiebel
2 Knoblauchzehen
1 Stück Ingwerwurzel (20 g)
1 EL Öl
1 TL Gemüsebrühe

Den Spitzkohl waschen, putzen, in 1 cm breite Streifen schneiden und blanchieren. Die Tomaten in feine Streifen schneiden. Die Chilischote halbieren und entkernen, das weiße Fruchtfleisch entfernen, die Schote in dünne Streifen schneiden. Zwiebel, Knoblauch und Ingwer schälen und fein hacken.
In einem Topf das Öl erhitzen, Zwiebel, Knoblauch und Ingwer glasig dünsten. Die Tomatenstreifen mit der Gemüsebrühe hinzugeben und zerkochen. Den Kohl hinzufügen und alles zugedeckt etwa 2 Minuten garen. Zum Schluss die Chili unterrühren und mit Salz abschmecken.

Dazu kann man Tingmos (Seite 135) oder Momos (Seite 119 ff.) reichen.

Gebratener Tofu
སྲན་ཕྱུ་བརྗོས། / *Rächu Ngö*

für 4-6 Personen

800 g Tofu
2 Tomaten
1 Zwiebel
3 Knoblauchzehen
1 Stück Ingwerwurzel (20 g)
3 Korianderzweige
4 EL Öl
1 TL Garam Masala (Sternanis, schwarzer Pfeffer, Sichuanpfeffer, Koriander, Kardamom und Zimt)
165 ml Kokosmilch

Den Tofu mit Küchenpapier gut trockentupfen und in mundgerechte Stücke würfeln. Die Tomaten fein würfeln. Zwiebel, Knoblauch und Ingwer schälen und fein hacken. Den Koriander waschen, die Blätter abzupfen und fein hacken.
In einem Wok das Öl erhitzen und den Tofu etwa 3 Minuten anbraten. Auf einem Teller zur Seite stellen. In dem verbliebenen Öl die Zwiebel glasig dünsten. Knoblauch und Ingwer kurz darin anbraten, das Garam Masala hinzufügen. Die Tomaten dazugeben und weich garen, dann die Kokosmilch angießen. Wenn sie zu kochen beginnt, den Tofu dazugeben und etwa 2 Minuten kochen, ohne umzurühren. Mit dem Koriander servieren.

Reis, Brot oder Tingmos (Seite 135) passen gut .

Kartoffeln mit Erbsen
ཞོག་ཀོག་དང་སྲན་མ། / *Zhogo dang Hräma*

für 4-5 Personen

1 kg Kartoffeln
2 Tomaten
1 Zwiebel
2 Knoblauchzehen
1 EL Öl
¼ TL Kurkuma
1 TL Garam Masala (Sternanis, schwarzer Pfeffer, Sichuanpfeffer, Koriander, Kardamom und Zimt)
250 g blanchierte Erbsen
etwas Chilipulver
1 TL fein gehackter Koriander

Die Kartoffeln gründlich waschen und in leicht gesalzenem Wasser nicht ganz durchgaren. Abgießen, etwas abkühlen lassen, schälen und würfeln. Die Tomaten kurz in kochendes Wasser tauchen, häuten und fein würfeln. Zwiebel und Knoblauch schälen und fein hacken.
In einem Wok das Öl erhitzen, Zwiebel und Knoblauch glasig dünsten. Kurkuma und Garam Masala dazugeben, die Tomaten kurz unterrühren. Dann Kartoffeln und Erbsen unter Rühren darin anbraten. Mit Chili abschmecken und mit Koriander bestreuen.

Dazu werden Tingmos (Seite 135) oder Brot gereicht.

Scharfe gebratene Kartoffeln
ཞོག་ཀོག་ཁ་ཚ། / *Zhogo Khatsha*

Die Kartoffeln gründlich waschen und in leicht gesalzenem Wasser garen. Abgießen, auskühlen lassen, schälen und in mundgerechte Stücke schneiden. Zwiebel, Knoblauch und Ingwer schälen. Mit Tomaten, Kurkuma, Garam Masala und Chilipulver in ein hohes Gefäß geben und zu einer Paste pürieren. Die Chilischote halbieren und entkernen, das weiße Fruchtfleisch entfernen, die Schote in Streifen schneiden.
In einem Wok das Öl erhitzen und die Bockshornkleesamen andünsten. Die Paste hinzufügen und 1 Minute kochen. Die Kartoffeln hinzufügen und alles gut umrühren. Mit Salz abschmecken und mit der Chilischote garnieren.

für 4-5 Personen

1 kg Kartoffeln
1 Zwiebel
2 Knoblauchzehen
1 Stück Ingwerwurzel (1-2 cm)
2-3 Tomaten
¼ TL Kurkuma
1 TL Garam Masala (Sternanis, schwarzer Pfeffer, Sichuanpfeffer, Koriander, Kardamom und Zimt)
1 TL Chilipulver
1 Chilischote
2 EL Öl
½ TL Bockshornkleesamen

Kartoffeln mit Spinat

ཞོག་ཁོག་སྔོ་ཚལ། / *Zhogo Ngötshä*

800 g Kartoffeln
500 g frischer Spinat
2 Tomaten
1 Zwiebel
2 Knoblauchzehen
1 Stück Ingwerwurzel (1-2 cm)
2 EL Öl
1 TL Kurkuma
1 TL Garam Masala (Sternanis, schwarzer Pfeffer, Sichuanpfeffer, Koriander, Kardamom und Zimt)
1 EL Sojasauce

Die Kartoffeln schälen, waschen und in dünne Streifen schneiden. Den Spinat waschen und putzen, die Blätter hacken. Die Tomaten fein würfeln. Zwiebel, Knoblauch und Ingwer schälen und fein hacken.
In einem Wok das Öl erhitzen und die Zwiebel glasig dünsten. Knoblauch und Ingwer kurz darin braten. Mit Kurkuma und Garam Masala würzen. Die Tomaten dazugeben und alles umrühren. Die Kartoffeln beifügen und gut anbraten, bis sie gar sind. Dann den Spinat unterrühren. Mit Sojasauce und Salz abschmecken.

Dazu passt Reis oder Brot.

Mangold mit Tofu

སྲན་སྤྲུ་ཚལ། / *Rächu Tshä*

für 3 Personen

400 g Tofu
1 Kopf Mangold
1 Zwiebel
3 Knoblauchzehen
1 Stück Ingwerwurzel (2-3 cm)
2 EL Öl
250 g blanchierte Erbsen
2 EL Sojasauce
100 ml Gemüsebrühe

Den Tofu in mundgerechte Würfel schneiden. Den Mangold waschen und putzen, die Blätter in feine Streifen schneiden. Zwiebel, Knoblauch und Ingwer schälen und fein hacken.
In einem Wok die Hälfte des Öls erhitzen, Zwiebel, Knoblauch und Ingwer glasig dünsten. Tofu und Erbsen hinzufügen, mit Sojasauce und Salz würzen.
In einem Topf das restliche Öl erhitzen, den Mangold hinzugeben und die Brühe angießen. Zugedeckt etwa 1 Minute dünsten und unter die Tofumischung mengen. Mit Salz abschmecken und sofort servieren.

Dazu reicht man am besten Brot und Reis.

Zwischenmahlzeiten
Zhälchung

ཞལ་ཆུང་།

Stillen sie auch nicht den großen Hunger, sind Zwischenmahlzeiten in Tibet doch sehr beliebt. Sie geben nicht nur neuen Schwung an einem langen Arbeitstag, sondern sind auch auf Reisen gefragt. Neben dem stets mitgeführten getrockneten Fleisch und Tsampa (Seite 131) finden sich gelegentlich auch geröstetes Getreide (Jö) oder gerösteter Reis (Drä Jö) im Reiseproviant, um längere Wegstrecken zu überstehen. Zu erwerben ist das Gros dieser Speisen früher wie heute auf Märkten, in Herbergen oder in Klöstern.

Getrocknetes Fleisch
ཤ་སྐམ་པོ། / *Scha Kampo*

Getrocknetes Fleisch wird als Einlage in Suppen und Eintöpfen verwendet oder auch gern unterwegs gegessen. Manchmal schneidet man das Fleisch auch in große, flache Stücke von 1 cm Dicke, 8 bis 10 cm Breite und 20 bis 30 cm Länge.

3-4 Tage vorher beginnen

2 kg Rind- oder Lammfleisch

Das Fleisch waschen, trockentupfen und in 20 bis 30 cm lange, daumendicke Streifen schneiden. Mit 2 EL Salz einreiben, auf Küchengarn fädeln und aufhängen oder über eine Holzstange legen. Die Fleischstreifen mindestens drei bis vier Tage trocknen lassen.
Das Rezept gelingt nur, wenn die Luftfeuchtigkeit sehr gering ist: Die Luft muss so trocken sein, dass sie dem Fleisch Wasser entziehen kann.

Getrocknetes mariniertes Fleisch
ཤ་སྐམ་སྙལ་མ། / *Schakam Nyema*

3-4 Tage vorher beginnen

2 kg Rind- oder Lammfleisch
3 Knoblauchzehen
1 EL Chilipulver
50 ml Sojasauce

Das Fleisch waschen, trockentupfen und in 20 bis 30 cm lange, daumendicke Streifen schneiden. Den Knoblauch schälen und sehr fein hacken. Mit 1 TL Salz und Chili in die Sojasauce einrühren. Die Fleischstreifen mit der Sojasauce einreiben, auf Küchengarn fädeln und aufhängen oder über eine Holzstange legen. Mindestens drei bis vier Tage trocknen lassen.
Das Fleisch ist erst dann ausreichend getrocknet, wenn es sich brechen lässt.

Hachse

སུག་མཐིལ། / *Sugthi*

für 6 Personen

6 Hachsen von Schaf, Schwein oder Rind
1 Zwiebel
3 Knoblauchzehen
1 Stück Ingwerwurzel (20 g)
½ Bund Koriandergrün
3 EL Öl
½ TL Garam Masala (Sternanis, schwarzer Pfeffer, Sichuanpfeffer, Koriander, Kardamom und Zimt)
1 TL Korianderpulver
¼ TL Kurkuma
nach Geschmack: Chilipulver

Die Hachsen gründlich waschen, in einem großen Topf mit gesalzenem Wasser bedecken und anderthalb bis zwei Stunden kochen. Anschließend das Wasser abgießen.
Zwiebel, Knoblauch und Ingwer schälen und fein hacken. Den Koriander waschen, die Blätter abzupfen und fein hacken.
In einem Wok das Öl erhitzen und die Hachsen kurz anbraten, bis sie Farbe angenommen haben. Die Zwiebel zugeben und glasig dünsten. Knoblauch und Ingwer beifügen und unter Rühren anbraten. Mit Garam Masala, Korianderpulver, Kurkuma und Chili würzen, die Hachsen darin erhitzen.
Mit dem gehackten Koriander bestreut servieren.

Die Hachsen kann man auch kochen, bis das Fleisch sich von den Knochen löst. Dann nimmt man die Knochen aus dem Sud und serviert das Fleisch mit der Chilisauce.

Blutwurst

ཀྱུ་མ། / *Gyuma*

für 6-8 Personen

600 g grob geschrotete Gerste oder Gerstenmehl
2-3 Zwiebeln
1 l Blut
1 kg feines Hackfleisch vom Rind bzw. Innereien
½ TL gemahlener Kümmel
½ TL Chilipulver
½ TL Sichuanpfeffer
1 Naturdarm

Das Gerstenschrot einmal aufkochen, im Wasser auskühlen lassen und dann durch ein Sieb gießen. Die Zwiebeln schälen und fein hacken.
In einer großen Schüssel das Blut mit Hackfleisch, Zwiebeln, 2 EL Salz, 1 TL Pfeffer und den Gewürzen vermengen. Zum Schluss die Gerste unterheben und alles noch einmal abschmecken.
Den Darm eventuell in 30 cm lange Stücke teilen, jeweils ein Ende mit Küchengarn zubinden. Die Blutwurstmischung mit Hilfe eines Fleischwolfes mit Tüllenaufsatz in den Darm einfüllen – darauf achten, dass der Darm nicht zu sehr gestopft wird. Dann das andere Ende zubinden. Die Wurst in einem Topf mit heißem Wasser etwa 30 Minuten sieden. Mit einem Zahnstocher oder einer Gabel während des Siedens einige Löcher einstechen, damit der Druck entweichen kann.
In Tibet werden die Würste direkt nach dem Kochen serviert oder als Scheiben aufgeschnitten und gebraten serviert.

Blut und Naturdarm erhält man in der Regel bei einem Metzger, der noch selbst schlachtet.

Geröstetes Getreide

ཡོས། / *Jö*

In Tibet wird das Getreide bis heute zumeist in einer Pfanne auf einer dünnen Sandschicht erhitzt. Der Sand soll vor allem das Anbacken des Getreides an der Pfanne verhindern. Wenn Sie eine schwere Pfanne oder eine Teflon-Pfanne verwenden, können Sie auf den Sand verzichten.

300-400 g Gerste, Weizen, Mais oder Sojabohnen

Das Getreide gründlich waschen und in sauberem Wasser 10 Minuten quellen lassen. In ein großes Leinentuch geben und darin gut ausdrücken. Das Getreide ausgebreitet etwa eine Stunde an der Luft trocknen lassen.
Eine schwere Pfanne oder eine Teflon-Pfanne erhitzen und das Getreide unter Rühren goldgelb rösten.

Warm und frisch schmeckt das geröstete Getreide am besten, wird aber auch gerne kalt als Zwischenmahlzeit verzehrt.

Gerösteter Reis

འབྲས་ཡོས། / *Drä Jö*

Gerösteter Reis ist köstlich und sicherlich gesünder als die hierzulande so beliebten in Öl gebratenen Chips.

300-400 g Parboiled-Reis

Eine große Pfanne oder einen Kochtopf aus Stahl mit einem Deckel verschließen und sehr stark erhitzen. 2 bis 3 EL Reis hineingeben und zugedeckt unter Rütteln 1 bis 2 Minuten anbraten, bis der Reis knusprig geworden ist.

Mungobohnen-Gallerte
ལ་ཕིང་། / *Laphing*

125 g Mungobohnenmehl
Schnittlauch

für den Dip:
2 Knoblauchzehen
100 ml Essig
etwas Chilipulver

Das Mungobohnenmehl mit so viel kaltem Wasser anrühren, dass eine zähflüssige Paste entsteht.
In einem Topf 1 l Wasser zum Kochen bringen. Die Paste langsam einrühren und aufkochen. Das Ganze in eine flache eckige Schüssel gießen und kalt werden lassen. Die erkaltete Gallerte in Würfel schneiden.
Für den Dip den Knoblauch schälen und fein hacken, mit dem Essig verrühren, mit Salz, Pfeffer und Chili würzen. Den Schnittlauch waschen, trockenschütteln und in feine Röllchen schneiden. Die Würfel mit dem Dip anrichten und mit dem Schnittlauch garnieren.

Eingelegter Rettich
བསོན་ལ་ཕུག / *Sön Laphug*

10 Tage vorher beginnen
für 4-8 Personen

2 mittelgroße Daikon-Rettiche
1 Bund Radieschen
5 Knoblauchzehen
2 getrocknete Chilischoten
½ TL Sichuanpfeffer
½ TL Kümmel
125 ml Weißweinessig

Die Rettiche putzen und in Scheiben oder Streifen schneiden. Die Radieschen putzen und waschen. Den Knoblauch schälen. Das Gemüse in ein großes, luftdicht zu verschließendes Glas oder Behältnis schichten. Knoblauch und Chili dazwischen legen, mit Sichuanpfeffer und Kümmel würzen. Den Essig mit 500 ml Wasser verdünnen und über das Gemüse gießen, so dass es mit der Flüssigkeit bedeckt ist. Das Behältnis luftdicht verschließen und acht bis zehn Tage bei sommerlichen Temperaturen von 26 bis 32° C aufbewahren. Danach ist das Gemüse so weit durchgezogen, dass es eine feine säuerliche und scharfe Note hat.

Das eingelegte Gemüse wird als Salat gereicht oder zu Momos (Seite 119ff.), Reis oder Brot serviert.

Eingelegter Kohl

པད་ཚལ་སྙལ་མ། / *Pätshä Nyema*

10 Tage vorher beginnen
für 4-8 Personen

1 kg Chinakohl
5 Knoblauchzehen
2 getrocknete Chilischoten
½ TL Sichuanpfeffer
½ TL Kümmel
125 ml Weißweinessig

Den Kohl putzen und in große Stücke oder dicke Streifen schneiden. Den Knoblauch schälen. Das Gemüse in ein großes, luftdicht zu verschließendes Glas oder Behältnis schichten. Knoblauch und Chili dazwischen legen, mit Sichuanpfeffer und Kümmel würzen. Den Essig mit 500 ml Wasser verdünnen und über das Gemüse gießen, so dass es mit der Flüssigkeit bedeckt ist. Das Behältnis luftdicht verschließen und acht bis zehn Tage bei sommerlichen Temperaturen von 26 bis 32° C aufbewahren. Danach ist der Chinakohl so weit durchgezogen, dass er eine feine säuerliche und scharfe Note hat.

Spitzkohlsalat

གྲང་ཚལ། / *Drangtshä*

Traditionell sind den Tibetern Salate weitgehend unbekannt. Dies ist einer der wenigen Salate mit tibetischer Tradition, der gerne zu Momos gereicht wird.

für 4-6 Personen

500 g Spitzkohl
1 große Möhre
1 Zitrone (Saft)

Den Spitzkohl halbieren, den Strunk herausschneiden und den Kohl in sehr dünne Streifen schneiden. Die Möhre putzen und in sehr feine Streifen schneiden.
Das Gemüse in eine Schüssel geben, den Zitronensaft darübergeben, mit 1 TL Salz würzen und alles miteinander vermengen.

Buchweizenblattsalat

ཡ་སྦ། / *Jaba*

3 Bündel junge Buchweizenblätter
2 Knoblauchzehen
1 EL Öl
¼ TL Bockshornkleesamen
150 g Joghurt
1 TL Honig
¼ TL Sichuanpfeffer

Die Buchweizenblätter gründlich waschen und in einer Salatschleuder trockenschleudern. Die Stiele entfernen und die Blätter grob hacken. Den Knoblauch schälen und fein hacken.
Das Öl erhitzen und den Bockshornkleesamen anrösten. Aus Joghurt, Honig, Knoblauch, Sichuanpfeffer und etwas Salz eine Sauce herstellen. Mit den Bockshornkleesamen zu den Buchweizenblättern geben und das Ganze gut miteinander vermengen.

Variante
Anstelle von Buchweizenblättern kann man auch eine Mischung aus jungen Spinatblättern und Brunnenkresse verwenden.

Gegrillte Pilze

སེར་ཤ་མར་བཀྲག། / *Serscha Martrag*

500 g Steinpilze
60 g Butter

Die Stiele der Pilze entfernen, die Pilze mit Küchenpapier und einem Backpinsel säubern – auf keinen Fall waschen. Mit dem Kopf nach unten auf ein mit Backpapier ausgelegtes Blech setzen. Den Ofen auf 200° C Grillstufe vorheizen. Die Pilze 2 Minuten grillen, dann herausnehmen. In jeden Pilz ein Butterflöckchen setzen und leicht salzen. Im Ofen weitere 3 Minuten grillen.
Heiß als Snack servieren.

Gebratene Pilze

ཤ་མོ་མར་བཀྲག / *Schamo Martrag*

500 g Champignons
200 g Butter
2 EL Tsampa (Seite 131) oder Weißmehl

Die Stiele der Pilze entfernen, die Pilze mit Küchenpapier säubern und salzen.
In einer Pfanne die Butter zerlassen und das Mehl hineinrühren. Die Buttermischung auf einem Backblech verteilen und die Champignons daraufsetzen. Den Ofen auf 200° C Oberhitze vorheizen und die Champignons 10 bis 12 Minuten backen.

Dips und Saucen

Mogchä

དམོག་ཚས།

Dips erfreuen sich in Tibet großer Beliebtheit: Momos, Tingmos oder Brot werden in sie eingetaucht. Allen tibetischen Dips gemeinsam ist, dass sie höllisch scharf sind. Sie sollten nur in kleinen Mengen genossen werden und runden das Gericht geschmacklich ab. In einem sauberen Schraubglas verschlossen, lassen sich die Dips über einen längeren Zeitraum im Kühlschrank aufbewahren.

Chili-Käse-Sauce
ཕྱུར་རུལ་སི་པན། / *Churu Sipän*

Die Kombination von Chili und Blauschimmelkäse ist eine Besonderheit der tibetischen Küche.

für 4-6 Personen

200 g mittelscharfe Chilischoten
1 Tomate
1 Zwiebel
1 Knoblauchzehe
2 EL Öl
1 EL Tsampa (Seite 131) oder Mehl
100 g Blauschimmelkäse

Die Chilischoten halbieren und entkernen, das weiße Fruchtfleisch entfernen und die Schoten hacken. Die Tomate fein würfeln. Zwiebel und Knoblauch schälen und fein hacken.
In einem Wok das Öl erhitzen, Zwiebel, Knoblauch und Chili gut anbraten. Tsampa dazugeben und gut rühren, direkt danach die Tomatenwürfel hinzufügen und unter Rühren anbraten. 125 ml Wasser und den Blauschimmelkäse zur Sauce geben und alles bei reduzierter Hitze kochen, bis der Käse geschmolzen ist. Mit Salz abschmecken.

Koriander-Chili-Sauce
བསོད་ནམས་པད་མཛོད་མས་སི་པན། /
Sonam Pädzö Sipü

für 4-6 Personen

1 Bund Koriandergrün
4-5 kleine grüne Chilischoten
1 Fleischtomate
4-5 Knoblauchzehen
½ TL Sichuanpfeffer
3-4 EL Chilipulver oder Chiliflocken

Den Koriander waschen, die Blätter abzupfen und fein hacken. Die Chilischoten halbieren und entkernen, das weiße Fruchtfleisch entfernen. Die Tomate vierteln. Den Knoblauch schälen und grob hacken. Alle Zutaten mit 1 TL Salz im Mixer pürieren.
Um die Sauce haltbar zu machen, sie mit etwas Öl erhitzen.

Die Sauce passt gut zu Momos (Seite 119 ff.). Man kann sie auch mit Brot oder Tingmos (Seite 135) servieren.

Scharfe Fleischsauce
ཤ་འདྲུར། / *Schadur*

für 6-8 Personen

½ EL Bockshornkleesamen
400 g getrocknetes Fleisch
2 EL Öl
2 Tomaten
2 große Zwiebeln
5 Knoblauchzehen
1 Stück Ingwerwurzel (2-3 cm)
3 TL Chilipulver
½ TL Sichuanpfeffer

In einem Wok die Bockshornkleesamen unter Rühren rösten, auf einen Teller geben und auskühlen lassen. Das getrocknete Fleisch in Stücke zerreißen.
Im Wok das Öl erhitzen und das Fleisch unter Rühren braten. Abkühlen lassen und im Mixer sehr fein zerkleinern.
Die Tomaten über Kreuz einritzen und mit heißem Wasser übergießen, die Haut abziehen und den Stielansatz entfernen. Zwiebeln und Knoblauch schälen und grob hacken, den Ingwer schälen und fein hacken. Die Tomaten mit Knoblauch, Ingwer, Chili, Sichuanpfeffer und Salz im Mixer pürieren. Das Fleisch hinzugeben und erneut mixen. Im Wok die Zwiebeln glasig dünsten und mit den Bockshornkleesamen unter das Püree rühren.

Diese Sauce kann mit Brot oder Reis serviert werden.

Scharfe Joghurtsauce
ཞོ་སི་པན། / *Zho Sipä*

für 3-4 Personen

1 mittelgroße Tomate
3 Knoblauchzehen
1 Stück Ingwerwurzel (1-2 cm)
1 Bund Koriandergrün
250 g Joghurt
1 EL Chilipulver

Die Tomate über Kreuz einritzen und kurz in kochendes Wasser geben, die Haut abziehen und den Stielansatz entfernen. Knoblauch und Ingwer schälen und grob hacken. Den Koriander waschen, die Blätter abzupfen und fein hacken.
Die Tomate mit Knoblauch, Ingwer, Joghurt und Chili im Mixer pürieren. Den Koriander unterrühren, mit Salz abschmecken.

Die Sauce wird zu Momos (Seite 119 ff.), Reis oder Brot gereicht.

Scharfe Tomatensauce
ཏྲོ་མ་ཀྲུ་སི་པན། / *Tomato Sipä*

für 4-6 Personen

4-6 Tomaten
2 Zwiebeln
3 Knoblauchzehen
2 EL Öl
½ TL Kreuzkümmel
2 EL Chilipulver

Die Tomaten fein würfeln. Zwiebeln und Knoblauch schälen und fein hacken.
In einem Topf das Öl erhitzen und den Kreuzkümmel rösten. Zwiebeln und Knoblauch darin andünsten. Tomatenstückchen und Chili hinzufügen, mit Salz würzen. Alles unter Rühren etwa 5 Minuten kochen.

Diese Sauce wird zu Momos (Seite 119 ff.), Reis oder Brot gereicht.

Teigtaschen (Momos) und Pasteten
Momo dang Schatshäl Baaleb

མོག་མོག་དང་ཤ་ཚལ་བག་ལེབ།

Momos sind eine Spezialität der tibetischen Küche und eine Art Nationalgericht. Die Teigtäschchen werden mit verschiedenen Fleischsorten oder auch vegetarischen Zutaten gefüllt. Am bekanntesten ist sicherlich ihre Zubereitung in einem mehrstöckigen Dampfkochtopf (siehe Seite 27.) Doch auch gebraten oder in einer schmackhaften Suppe gekocht schmecken sie außerordentlich gut.
Die Herstellung erfordert neben Geschicklichkeit Geduld und Zeit. Am besten fertigt man sie mit der ganzen Familie oder einer Gruppe von Freunden in Arbeitsteilung an. Bei den Tibetern war das gang und gäbe, besonders wenn Fleisch-Momos zubereitet wurden, deren Herstellung mangels eines Fleischwolfes früher besonders viel Arbeit bereitete.

Grundteig Momos

2 Stunden vorher beginnen
für 30-35 Stück

500 g Mehl

Das Mehl mit etwa ¼ l lauwarmem Wasser vermischen und zu einem elastischen Teig verkneten. Zu einer Kugel formen, in Klarsichtfolie einwickeln und bei Zimmertemperatur ein bis zwei Stunden ruhen lassen. Nochmals gut durchkneten und in 30 bis 35 Bällchen teilen. Diese auf einer bemehlten Arbeitsfläche so dünn wie möglich zu Kreisen von etwa 8 cm Durchmesser ausrollen. Diese mit je 1 EL Füllung in der Mitte des Kreises belegen.

Europäisierte Form des Grundteigs für Momos

500 g Mehl
1 Päckchen Trockenhefe (7 g)
Zucker
5 EL Olivenöl

Das Mehl in eine Schüssel sieben und eine Mulde hineindrücken. Die Hefe hineingeben, eine Prise Zucker darüberstreuen. 1 TL Salz und das Öl an den Rand der Schüssel geben. ¼ l lauwarmes Wasser in und um die Mulde gießen und alles mit den Knethacken eines Handrührgerätes oder einer Küchenmaschine zu einem glatten Teig verarbeiten.
Den Teig mit einem Tuch bedeckt an einem warmen Ort gehen lassen, bis er sein Volumen fast verdoppelt hat. Dann aus der Schüssel nehmen und auf einer bemehlten Arbeitsfläche kräftig durchkneten. Ausrollen und Kreise von 8 bis 10 cm Durchmesser ausstechen. Diese mit je 1 EL Füllung in der Mitte des Kreises belegen. Der Rand des Teigkreises muss nun noch immer so groß sein, dass man ihn über der Füllung zusammennehmen kann und zum Beispiel durch Drehen zu einer Art Säckchen verschließen kann. Vor dem Abbacken mit einem Tuch bedeckt ein zweites Mal etwa 10 Minuten gehen lassen.
Dieser Teig eignet sich besonders gut für vegetarische Momos.

Anstelle von Hefeteig lässt sich auch Wontonwrap aus dem Asia-Shop verwenden. Er kann wie Momo-Teig weiterverarbeitet werden.

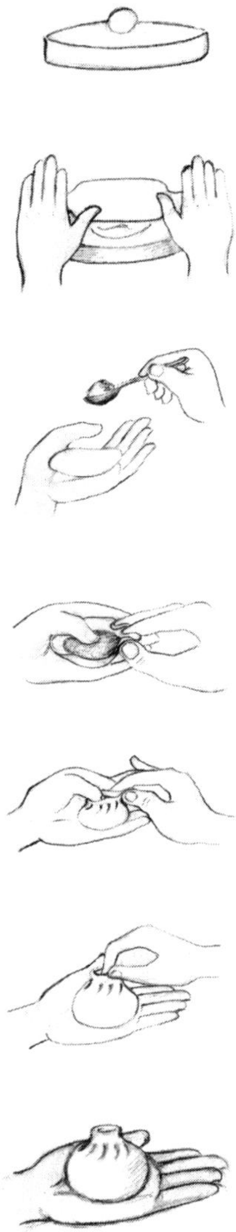

◄ Die Zubereitung von Momos

Das Formen und Weiterverarbeiten der Momos

Runde Momos

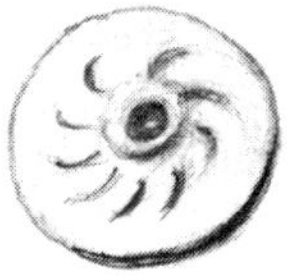

Legen Sie den Teig auf die linke Handinnenfläche und geben Sie 1 EL Füllung in die Mitte des Kreises. Nun nehmen Sie den Teigrand zwischen den rechten Daumen und den Zeigefinger, drücken ihn zusammen und ziehen ihn dabei Richtung Füllung. Mit dem linken Daumen drücken Sie die Füllung stets etwas nach unten. Mit dem rechten Zeigefinger drücken Sie erneut ein Stück Teigrand in Richtung des linken Daumens. Drücken Sie den Teig stets an. Diesen Vorgang wiederholen Sie, bis der Teig die Füllung wie ein Säckchen umschließt. Setzen Sie diese in einen eingefetteten Dämpfeinsatz oder geben Sie sie in eine Fritteuse.

Sichelförmige Momos

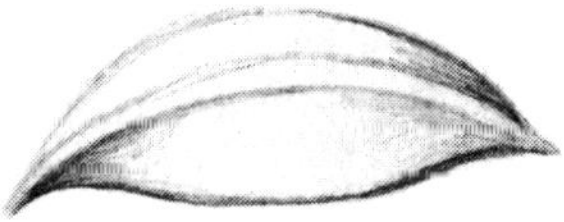

Legen Sie den Teig auf die linke Handinnenfläche und geben Sie 1 EL Füllung in die Mitte des Kreises. Nun nehmen Sie zwischen den rechten Daumen und den Zeigefinger eine Ecke Teigrand und drücken ihn fest zusammen. Diese Ecke bildet die eine Spitze des Momos. Drücken Sie mit dem linken Daumen stets die Füllung ins Zentrum und ziehen Sie mit dem rechten Zeigefinger die gegenüberliegenden Teigränder über die Füllung zum rechten Daumen hin. Wichtig ist, dass Sie auf der Seite, auf der Sie mit dem Zeigefinger arbeiten, den Teig leicht falten, und dass der Rand, wo sich der Daumen befindet, glatt bleibt. So entsteht das typische Aussehen des Momos. Diesen Vorgang wiederholen Sie so lange, bis die Füllung komplett von Teig umschlossen ist. Am Ende haben Sie ein sichelförmiges Momo. Setzen Sie diese in einen eingefetteten Dämpfeinsatz oder geben Sie sie in eine Fritteuse.

Momos dämpfen

Die vorbereiteten Momos lassen sich auf verschiedene Weise dämpfen. Die eleganteste Art besteht in der Verwendung eines Dampfkochtopfes: Der *Mogtro* ist ein breiter Topf mit zwei bis vier Siebbodentöpfen inklusive einem Deckel. Sie werden übereinander aufgetürmt, so dass die verdunstende Hitze des mit Wasser gefüllten Grundtopfes in die darüber liegenden Siebbodentöpfe aufsteigen kann.
Zuerst wird in dem flachen Topf etwa ½ l Wasser zum Kochen gebracht. Die Siebeinsätze werden eingefettet und die Momos auf den Boden des Siebeinsatzes nicht zu eng nebeneinander gesetzt. Die gefüllten Siebeinsätze werden auf den Topf mit dem siedenden Wasser turmartig übereinander gestapelt und mit dem Deckel verschlossen. Momos mit Gemüsefüllung müssen etwa 20 Minuten gedämpft werden, solche mit Fleischfüllung etwa 30 Minuten.
Wer keinen Dampfkochtopf zur Verfügung hat, kann die Momos in einem normalen Topf mit Dampfeinsatz oder im Bastkorb eines Woks dämpfen.

Momos halb braten, halb dämpfen

In einer Pfanne 1 bis 2 EL Öl erhitzen und die Momos von unten kurz anbraten. Die Momos zu einem Viertel mit Wasser bedecken und kochen, bis das Wasser verdunstet ist.
Am besten eignet sich für diese Art der Zubereitung eine beschichtete Pfanne.

Momos frittieren

Die Momos in heißem Fett, am besten in einer Fritteuse, 5 bis 8 Minuten braten.
Sowohl fleischhaltige wie vegetarische Momos lassen sich frittieren. Bei Momos mit Fleischfüllung sollte man das Fleisch vor dem Füllen anbraten.

Schweinefleisch-Momos

ཕག་ཤ་མོག་མོག / *Phagscha Momo*

für 30-35 Stück

1 Bund Frühlingszwiebeln
1 große Zwiebel
2 Knoblauchzehen
500 g Hackfleisch vom Schwein
½ TL Garam Masala (Sternanis, schwarzer Pfeffer, Sichuanpfeffer, Koriander, Kardamom und Zimt)
1 EL Öl

Die Frühlingszwiebeln putzen und in feine Ringe schneiden. Zwiebel und Knoblauch schälen und fein hacken.
Alle Zutaten mit Salz und ¼ Tasse Wasser in eine Schüssel geben und gut durchkneten. Die Füllung auf den Teig setzen und wie beschrieben formen.

Rindfleisch-Momos

ཤ་མོག་མོག / *Scha Momo*

für 30-35 Stück

1 Bund Frühlingszwiebeln
1 Zwiebel
3 Knoblauchzehen
1 Stück Ingwerwurzel (2 cm)
5-6 Korianderzweige
500 g Hackfleisch vom Rind
2 EL Öl
2 EL Sojasauce
½ TL Sichuanpfeffer
1 TL Kreuzkümmel

Die Frühlingszwiebeln putzen und in feine Ringe schneiden. Zwiebel, Knoblauch und Ingwer schälen und fein hacken. Den Koriander waschen, die Blätter abzupfen und fein hacken. Das Hackfleisch mit Öl, Sojasauce, Zwiebeln, Knoblauch, Ingwer, Frühlingszwiebeln, Koriander und ¼ Tasse Wasser vermengen. Mit Sichuanpfeffer, Kreuzkümmel und Salz kräftig abschmecken. Die Füllung auf den Teig setzen und wie beschrieben formen.

Variante

Statt Hackfleisch vom Rind kann auch Lammhack verwendet werden.

Hähnchen-Momos

བྱ་ཤ་མོག་མོག / *Dschascha Momo*

für 30-35 Stück

400 g Hähnchenbrust ohne Haut und Knochen
2 Stangen Sellerie
1 Zwiebel
2 Knoblauchzehen
1 Stück Ingwerwurzel (2 cm)
1 Bund Schnittlauch
1 TL Öl
½ TL gemahlener weißer Pfeffer

Die Hähnchenbrust unter kaltem Wasser waschen, trockentupfen, von Haut und Sehnen befreien und im Fleischwolf zu Hackfleisch verarbeiten. Den Sellerie waschen und in feine Stückchen schneiden. Zwiebel, Knoblauch und Ingwer schälen und fein hacken. Den Schnittlauch waschen, trockenschütteln und in feine Röllchen schneiden.

Das Hackfleisch mit Öl, Zwiebel, Knoblauch, Ingwer, Schnittlauch und Sellerie vermengen. Mit weißem Pfeffer und ½ TL Salz kräftig abschmecken. Die Füllung auf den Teig setzen und wie beschrieben formen.

Wer keinen Fleischwolf besitzt, schneidet das Fleisch so lange in feine Streifen, bis es eine dem Hackfleisch ähnliche Konsistenz hat.

Vegetarische Momos

ཚལ་མོག་མོག / *Tshä Momo*

für 30-35 Stück

500 g Spitzkohl
4 Stangen Sellerie
2 Möhren
1 Bund Frühlingszwiebeln
1 Zwiebel
2 Knoblauchzehen
1 Stück Ingwerwurzel (2 cm)
2 EL Öl
1 EL Sojasauce
1 EL Speisestärke

Den Kohl waschen, putzen und sehr fein zerhacken. Sellerie und Möhren putzen und fein würfeln. Die Frühlingszwiebeln putzen und in Ringe schneiden. Zwiebel, Knoblauch und Ingwer schälen und fein hacken.

In einer Pfanne das Öl erhitzen und die Zwiebel glasig dünsten. Knoblauch und Ingwer darin anbraten. Mit Sojasauce, ¼ TL schwarzem Pfeffer und ¼ TL Salz würzen. Die Speisestärke mit 1 bis 2 EL Wasser mischen. Die Zwiebel-Würz-Mischung, die Speisestärke und das rohe Gemüse miteinander vermengen. Die Füllung auf den Teig setzen und wie beschrieben formen.

Kartoffel-Momos
ཞོག་ཁོག་མོག་མོག / *Zhogo Momo*

für 30-35 Stück

500 g gekochte Kartoffeln
500 g frischer Spinat
1 Zwiebel
2 Knoblauchzehen
1 Stück Ingwerwurzel (2 cm)
2 EL Öl
½ TL Garam Masala (Sternanis, schwarzer Pfeffer, Sichuanpfeffer, Koriander, Kardamom und Zimt)
¼ TL Kurkuma

Die gekochten Kartoffeln fein würfeln. Den Spinat waschen, putzen und sehr fein hacken. Zwiebel, Knoblauch und Ingwer schälen und fein hacken.
In einer Pfanne das Öl erhitzen und die Zwiebel glasig dünsten. Knoblauch und Ingwer darin anbraten. Die Gewürze und ¼ TL Salz dazugeben. Die Zwiebel-Würz-Mischung mit Kartoffeln und Spinat vermengen. Die Füllung auf den Teig setzen und wie beschrieben formen.

Variante
Anstelle des Momo-Teigs kann man auch gegangenen Teig verwenden, wie er für Tingmos (Seite 135) benutzt wird.

Käse-Momos
ཕྱུ་ར་མོག་མོག / *Tschura Momo*

für 30-35 Stück

500 g frischer Spinat
2 Zwiebeln
2 Knoblauchzehen
1 Stück Ingwerwurzel (2-3 cm)
1 Bund Schnittlauch
4 EL Öl
500 g Feta oder Haloumi

Den Spinat waschen, putzen und sehr fein hacken. Zwiebeln, Knoblauch und Ingwer schälen und fein hacken. Den Schnittlauch waschen, trockenschütteln und in feine Röllchen schneiden.
In einem Topf das Öl erhitzen und die Zwiebeln glasig dünsten. Knoblauch und Ingwer darin anbraten. Spinat sowie Schnittlauch hinzufügen und unter Rühren leicht andünsten. Den Käse fein würfeln und unter die warme Spinatmasse heben. Die Füllung auf den Teig setzen und wie beschrieben formen.

In Tibet wird ein fester Käse verwendet, der bei Hitze nicht schmilzt. Daher lässt er sich am besten durch Feta oder Haloumi ersetzen.

Rindfleischpastete

ཤ་བག་ལེབ། / *Scha Baaleb*

mindestens 2 Stunden vorher beginnen
für 20-24 Stück

500 g Mehl
Fett zum Frittieren

für die Füllung:
1 Bund Frühlingszwiebeln
2 Zwiebeln
2 Knoblauchzehen
1 Stück Ingwerwurzel (2 cm)
2 EL Öl
500 g Hackfleisch vom Rind
2 EL Sojasauce
½ TL Sichuanpfeffer
1 TL Kreuzkümmel

Das Mehl mit etwa ¼ l lauwarmem Wasser vermischen und zu einem elastischen Teig verkneten. Zu einer Kugel formen, in Klarsichtfolie einwickeln und bei Zimmertemperatur ein bis zwei Stunden ruhen lassen.
Für die Füllung die Frühlingszwiebeln putzen und in feine Ringe schneiden. Zwiebeln, Knoblauch und Ingwer schälen und fein hacken.
In einer Pfanne das Öl erhitzen, Zwiebeln, Knoblauch, Ingwer und Hackfleisch anbraten. Mit Sojasauce, Sichuanpfeffer, Kreuzkümmel und 1 TL Salz kräftig abschmecken. Die Masse in eine Schüssel geben, die Frühlingszwiebeln unterrühren.
Den Teig in kleine Stücke teilen. Diese auf einer bemehlten Arbeitsfläche zu Kreisen von 8 bis 10 cm Durchmesser ausrollen und mit je 2 TL Füllung in der Mitte des Kreises belegen. Mit einem zweiten Teigkreis die Füllung abdecken. Die Pastete in die Handinnenfläche der linken Hand nehmen und mit Daumen und Zeigefinger der rechten Hand den Rand vorsichtig aufrollen und zusammendrücken. Dabei entsteht am Rand ein Muster, das an eine Kordel erinnert.
Die Pasteten in heißem Fett frittieren.

Rindfleischpasteten werden als Hauptspeise zum Mittag- oder Abendessen warm serviert. Dazu reicht man am besten Chilisauce.

Vegetarische Pastete
ཚལ་བག་ལེབ། / *Tshä Baaleb*

mindestens 2 Stunden vorher beginnen
für 20-24 Stück

500 g Mehl
Fett zum Frittieren

für die Füllung:
2 mittelgroße Kartoffeln
500 g Spitzkohl
2 Möhren
1 Zwiebel
2 Knoblauchzehen
1 Stück Ingwerwurzel (2 cm)
1 Bund Koriandergrün
2 TL Öl
1 TL Sojasauce
½ TL Garam Masala (Sternanis, schwarzer Pfeffer, Sichuanpfeffer, Koriander, Kardamom und Zimt)
¼ TL Sichuanpfeffer

Das Mehl mit ¼ l lauwarmem Wasser vermischen und zu einem elastischen Teig verkneten. Zu einer Kugel formen, in Klarsichtfolie einwickeln und bei Zimmertemperatur ein bis zwei Stunden ruhen lassen.
Für die Füllung die Kartoffeln gründlich waschen und in leicht gesalzenem Wasser etwa 20 Minuten garen. Abgießen, auskühlen lassen, schälen und durch eine Kartoffelpresse drücken. Den Kohl waschen, putzen und sehr fein hacken, die Möhren putzen und fein würfeln. Zwiebel, Knoblauch und Ingwer schälen und fein hacken. Den Koriander waschen, die Blätter abzupfen und fein hacken.
In einer Pfanne das Öl erhitzen und die Zwiebel glasig dünsten. Knoblauch und Ingwer darin anbraten. Mit Sojasauce, Garam Masala, Sichuanpfeffer und ¼ TL Salz würzen. Die Zwiebel-Würz-Mischung mit der Kartoffelmasse, dem rohen Gemüse und dem Koriander vermengen.
Den Teig in kleine Stücke teilen. Diese auf einer bemehlten Arbeitsfläche zu Kreisen von 8 bis 10 cm Durchmesser ausrollen und mit je 2 TL Füllung in der Mitte des Kreises belegen. Mit einem zweiten Teigkreis die Füllung abdecken. Die Pastete in die Handinnenfläche der linken Hand nehmen und mit Daumen und Zeigefinger der rechten Hand den Rand vorsichtig aufrollen und zusammendrücken. Dabei entsteht am Rand ein Muster, das an eine Kordel erinnert.
Die Pasteten in heißem Fett frittieren.

Brot und Tsampa
Baaleb dang Tsampa

བག་ལེབ་དང་རྩམ་པ།

Das tägliche Brot der Tibeter ist ein Gerstenteig, den sich jeder selbst in seiner Teeschale aus Buttertee und Tsampa herstellt. Ein Backofen ist in der tibetischen Küche unbekannt. So wird Brotteig als Fladen in Öl frittiert oder als Teigbällchen im Dampfeinsatz gegart.

Geröstetes Gerstenmehl
ཙམ་པ། / *Tsampa*

Wenn in Tibet Tsampa in größeren Mengen hergestellt wird, streuen die Tibeter Sand zwischen das Getreide. So verteilt sich die Hitze besser und das Wasser wird gleichmäßiger entzogen. Der Sand wird vor dem Mahlen ausgesiebt.

am Vortag beginnen

500 g Gerste

Die Gerste mit Wasser bedeckt über Nacht quellen lassen.
Am nächsten Tag das Wasser abgießen und die Gerste auf einem Tuch oder Küchenpapier ausbreiten – sie sollte trocken gerieben werden.
Einen Wok erhitzen und die Gerste in vier Portionen unter Rühren rösten, bis sie eine dunkelbraune Farbe annimmt. Auskühlen lassen und in einer Getreidemühle zu grobem Mehl zermahlen.

Gerösteter Gerstenmehlteig
སྤག / *Pak*

Tsampa in Form eines selbst zubereiteten Teigs ist die beliebteste und am weitesten verbreitete Methode, geröstetes Gerstenmehl zu sich zu nehmen.

geröstetes Gerstenmehl
Buttertee (Seite 147)

Das Gerstenmehl in eine kleine Schale geben, in die Mitte ein Loch drücken und etwas Buttertee hineingeben. Mit den Fingern unterrühren, bis der Gerstenmehlteig eine relativ feste Konsistenz hat. Den Teig zwischen den Fingern zu einer Kugel formen und diese verzehren.

Variante
Anstelle von Buttertee kann man auch schwarzen Tee, Butter und etwas Honig oder Zucker zum Gerstenmehl geben.

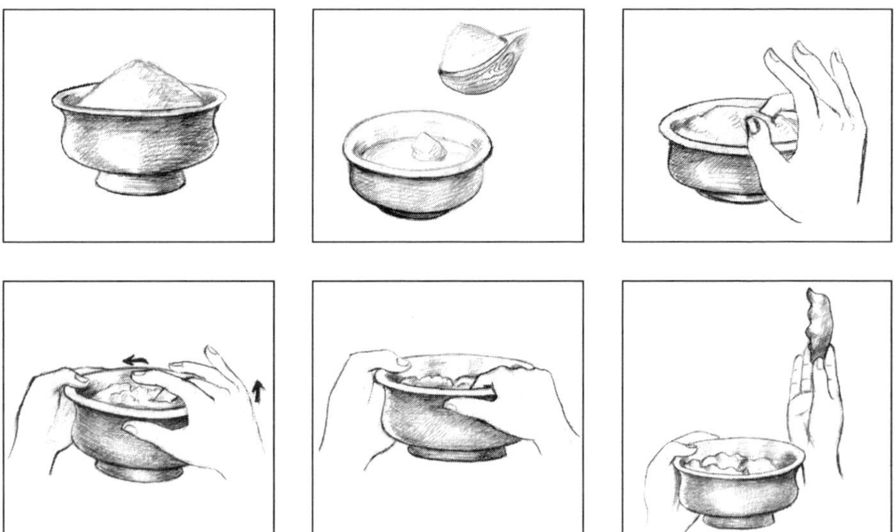

Die Zubereitung von Pak

Tsampa nach Sherpa-Art
གཟན་གོང་། / *Sen'gong*

Die Sherpa sind ein tibetischstämmiges Volk im Himalaja, das vor allem als Träger bei den Bergexpeditionen bekannt geworden ist. Sie siedeln heute auf nepalesischem Gebiet, sind also Nepalesen.

400 g Gerstenmehl
100 g Butter

In einem Topf 1 l Wasser mit ½ TL Salz zum Kochen bringen und das Gerstenmehl einrühren. Den Brei mit einem Holzspatel unter ständigem Rühren zu einer dicken Paste kochen.
Die Butter zerlassen und auf vier tiefen Tellern verteilen. Den Gerstenbrei zur Butter geben und das Ganze heiß servieren. Jeder nimmt den festen Teig zwischen die Finger und taucht ihn in die Butter.

Anstelle von Butter werden auch Dips und Saucen gereicht.

Gekochtes Brot
ལོ་ཀོ་མོག་མོག / *Loko Momo*

für 10-12 Stück

500 g Mehl
1 Päckchen Trockenhefe
4 EL Öl

Das Mehl in eine Schüssel sieben und eine Mulde hineindrücken. Die Hefe hineingeben, ¼ l lauwarmes Wasser in und um die Mulde gießen und alles zu einem glatten Teig verarbeiten. Den Teig mit einem Tuch bedeckt an einem warmen Ort gehen lassen, bis er sein Volumen fast verdoppelt hat. Dann aus der Schüssel nehmen und auf einer bemehlten Arbeitsfläche kräftig durchkneten. In 5 bis 6 cm große Bällchen formen und in deren Mitte ein Loch so tief eindrücken, dass eine Mütze entsteht.
In einer Pfanne das Öl erhitzen und die Teigbällchen mit dem Loch nach unten dicht nebeneinander hineinsetzen. Von unten etwas bräunen, dann ¼ l leicht gesalzenes Wasser vorsichtig angießen, so dass die Momos halb bedeckt sind. Bei schwacher Hitze köcheln, bis das Wasser verdunstet ist.
Gekochtes Brot ist eine typische Beilage zu Gemüse- und Fleischgerichten.

Gedämpftes Brot

གྲིང་མོག / *Tingmo*

für 10-12 Stück

500 g Mehl
1 Päckchen Trockenhefe
¼ TL Zucker
2 EL Öl
½ TL gemahlener Kurkuma

Das Mehl in eine Schüssel sieben und eine Mulde hineindrücken. Hefe und Zucker hineingeben, ¼ l lauwarmes Wasser in und um die Mulde gießen und alles zu einem glatten Teig verarbeiten.

Den Teig mit einem Tuch bedeckt an einem warmen Ort gehen lassen, bis er sein Volumen fast verdoppelt hat. Dann aus der Schüssel nehmen, auf einer bemehlten Arbeitsfläche kräftig durchkneten und etwa 1 cm dick ausrollen. Die Oberfläche mit Öl bestreichen und mit Kurkuma bestreuen. Den Teig an der Längsseite zu einer Rolle aufrollen und in etwa 5 cm dicke Scheiben schneiden. Diese flach in den Bambuskorb legen und etwa 20 Minuten dämpfen. Dafür in einem Wok Wasser erhitzen und das Bambuskörbchen in den Wok setzen.

Wer eine ausgefallene Form wünscht, drückt mittig auf die Teigrollen, so dass sich eine Art Fächer auftut. Danach die beiden geschlossenen Seiten mit einer halben Drehung über der Mitte zusammenlegen.

Variante

Soll das Brot eine würzige Note bekommen, vor dem Aufrollen Bockshornkleesamen oder fein gehackten Knoblauch auf den Teig geben.

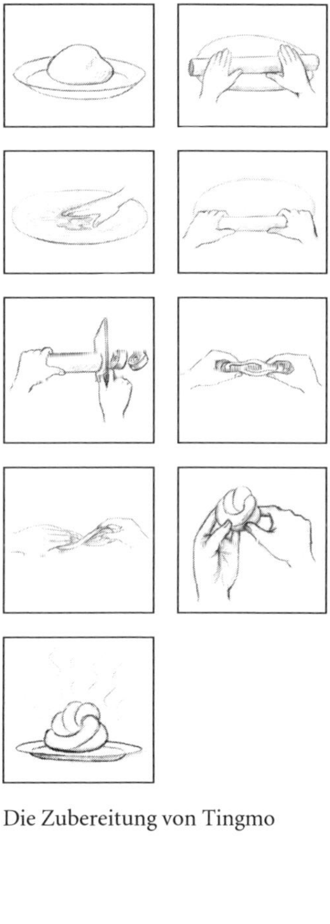

Die Zubereitung von Tingmo

Brot nach Amdo-Art

ཨ་མདོ་བག་ལེབ། / *Amdo Baaleb*

Die Zubereitung des Brotes erfolgt nach Art der Nordosttibeter.

für 3-4 Stück

500 g Mehl
1 Päckchen Trockenhefe
¼ TL Zucker
Öl

Das Mehl in eine Schüssel sieben und eine Mulde hineindrücken. Hefe und Zucker hineingeben, ¼ l lauwarmes Wasser in und um die Mulde gießen und alles zu einem glatten Teig verarbeiten. Den Teig mit einem Tuch bedeckt an einem warmen Ort gehen lassen, bis er sein Volumen fast verdoppelt hat. Dann aus der Schüssel nehmen und auf einer bemehlten Arbeitsfläche kräftig durchkneten. Etwa 3 cm dick ausrollen und einen Kreis in der Größe des Topfbodens ausstechen.
Einen Topf mit dickem Boden einölen, erhitzen und den Teig hineinlegen. Die Hitze reduzieren und zugedeckt etwa 20 Minuten garen. Wird die Teigoberfläche trocken, den Teig überprüfen und eventuell schon vorher wenden. Ansonsten die andere Seite des Brotes ebenfalls 20 Minuten garen. Das fertige Brot aus dem Topf nehmen und in Tortenstücke schneiden.

Fladenbrot

བག་ལེབ། / *Baaleb*

Dieses Brot wird bevorzugt zum Frühstück in tibetischen Klöstern in Nordindien gegessen.

für 4-6 Stück

500 g Mehl
1 Päckchen Trockenhefe

Das Mehl in eine Schüssel sieben und eine Mulde hineindrücken. Die Hefe hineingeben, ¼ l lauwarmes Wasser in und um die Mulde gießen und alles zu einem glatten Teig verarbeiten. Den Teig mit einem Tuch bedeckt an einem warmen Ort gehen lassen, bis er sein Volumen fast verdoppelt hat. Dann aus der Schüssel nehmen und auf einer bemehlten Arbeitsfläche kräftig durchkneten. In acht gleich große Stücke teilen – durch das Drücken und Drehen zwischen den Händen sollten Fladen von ½ bis 1 cm Dicke entstehen.
Eine Pfanne ohne Zugabe von Öl erhitzen. Jeweils einen Fladen hineingeben und von beiden Seiten je 1 Minute erhitzen. Falls nötig, den Vorgang wiederholen. Das Fladenbrot ist fertig, wenn es auf Fingerdruck nur noch leicht nachgibt.

Frittiertes Fladenbrot

ཁུ་ར། / *Khura*

für 12 Stück

500 g Vollkornmehl oder Weißmehl
1 Päckchen Backpulver
Öl oder Fett zum Frittieren

Das Mehl, 1 TL Salz und Backpulver mischen und so viel Wasser einrühren, dass ein mittelfester, elastischer Teig entsteht. Den Teig in Klarsichtfolie einschlagen und etwas ruhen lassen. Dann in zwölf Bällchen teilen und Scheiben von 12 cm Durchmesser ausrollen. In der Mitte zweimal einschneiden, in Fett frittieren oder von beiden Seiten anbraten.

Pfannkuchen
རྒྱབ་ར། / *Gyabra*

für etwa 8 Stück

250 g Weizenmehl
2 EL Zucker
1 TL Backpulver
300 ml Milch oder Wasser
Öl zum Braten

In einer Schüssel Mehl, Zucker und Backpulver miteinander vermischen, die Milch einrühren und einen Pfannkuchenteig herstellen. Etwa 30 Minuten ruhen lassen.
Eine Pfanne mit Öl ausreiben und bei mittlerer Temperatur erhitzen. Mit einer Schöpfkelle etwas Teig in die Pfanne geben, so dass etwa ein Viertel des Pfannenbodens bedeckt ist, und den Pfannkuchen von beiden Seiten goldgelb braten.

Pfannkuchen werden mit Honig oder Sirup bestrichen oder mit herzhaften Zutaten belegt und zu einer Tüte aufgerollt in der Hand gegessen.

Apfel-Pfannkuchen
ཀུ་ཤུ་རྒྱབ་ར། / *Kuschu Gyabra*

für etwa 4 Stück

2 Äpfel
250 g Weizenmehl
3 EL Zucker
2 TL Backpulver
150 ml Milch oder Wasser
4 Eier
Öl zum Braten

Die Äpfel schälen, die Kerngehäuse entfernen und die Früchte in dünne Scheiben schneiden.
In einer Schüssel Mehl, Zucker und Backpulver miteinander vermischen, Milch und Eier einrühren und einen Pfannkuchenteig herstellen.
Etwa 30 Minuten ruhen lassen, dann die Apfelscheiben dazugeben.
Eine Pfanne mit Öl ausreiben und bei mittlerer Temperatur erhitzen. Mit einer Schöpfkelle etwas Teig mit Apfelscheiben in die Pfanne geben, so dass der Pfannenboden bedeckt ist, und den Pfannkuchen von beiden Seiten goldgelb braten.

Desserts und Gebäck

Ngarzä dang Zhältog

མངར་ཟས་དང་ཞལ་ཏོག

Dessert oder Gebäck sind in Tibet etwas Besonderes: sie werden nur zu Festtagen zubereitet oder wenn hoher Besuch erwartet wird. Als Nachtisch sind Gebäck und süße Desserts in der tibetischen Alltagsküche nicht bekannt.

Süßer Reis

འབྲས་སི་ལ། / *Dräsi*

für 6 Personen

300 g Basmati-Reis
50 g Rosinen
1 Hand voll geröstete Esskastanien
5-6 EL gehackte Mandeln oder Cashewkerne
100 g Zucker
50 g Butter

Den Reis in der doppelten Menge Wasser etwa 20 Minuten kochen. Die Rosinen in lauwarmem Wasser einweichen und anschließend auf einem Sieb abtropfen lassen. Die Esskastanien fein hacken.
Den heißen Reis mit den übrigen Zutaten vermengen und in Portionsschälchen kegelförmig servieren.
Anstelle von Esskastanien werden in Tibet Süßkartoffeln verwendet. Droma werden meistens getrocknet angeboten und müssen vor der Verwendung weich gekocht werden.

Karamellisierte Nudeln

བག་ཚ་མར་ཁུ། / *Bagtsa Markhu*

Dieses Festtagsessen wird speziell an Saga Dawa, dem einmonatigen Fest zu Ehren von Buddhas Geburt, serviert. In dieser Zeit essen die Tibeter normalerweise kein Fleisch.

für 6 Personen

300 g Vollkornmehl

für die Sauce:
125 g Butter
200 g Ricotta
1 EL Tsampa (Seite 131) oder Mehl
75 g Zucker

Das Mehl mit ⅛ l Wasser vermischen und zu einem elastischen Teig verkneten. Zu einer Kugel formen, in Klarsichtfolie einwickeln und bei Zimmertemperatur 30 Minuten ruhen lassen. Dann den Teig auf einer bemehlten Arbeitsfläche 1 bis 2 cm dick ausrollen. In dünne Streifen schneiden und diese zwischen den Händen zu kleinfingerdicken Rollen formen. In 1 cm lange Stücke schneiden und mit dem Daumen zu einer Muschel formen. Die Nudeln in einem großen Topf mit reichlich Wasser 2 bis 3 Minuten sieden, bis sie an der Oberfläche schwimmen. Auf einem Sieb abtropfen lassen.
Währenddessen für die Sauce in einem zweiten Topf die Butter zerlassen. Nudeln, Ricotta, Tsampa und Zucker zugeben und unter Rühren erhitzen, bis der Käse geschmolzen ist und der Zucker karamellisiert.

In Tibet verwendet man natürlich keinen Ricotta, sondern tibetischen Tschuschib.

Süße Tsampa-Momos

མོག་མོག་ངར་མོ། / *Momo Ngarmo*

mindestens 2 Stunden vorher beginnen
für 16-18 Stück

300 g Mehl
1 EL Öl

für die Füllung:
150 g Tsampa
100 g Ricotta
100 g Butter
100 g Zucker

Das Mehl mit etwa 150 ml lauwarmem Wasser vermischen und zu einem elastischen Teig verkneten. Zu einer Kugel formen, in Klarsichtfolie einwickeln und bei Zimmertemperatur ein bis zwei Stunden ruhen lassen. Nochmals gut durchkneten und in 16 bis 18 Bällchen teilen. Diese auf einer bemehlten Arbeitsfläche so dünn wie möglich zu Kreisen von 6 bis 8 cm Durchmesser ausrollen.
Für die Füllung alle Zutaten mit den Händen zu einer Paste verkneten.
Legen Sie den Teig auf die linke Handinnenfläche und geben Sie 1 EL Füllung in die Mitte des Kreises. Nun nehmen Sie den Teigrand zwischen den rechten Daumen und den Zeigefinger, drücken ihn zusammen und ziehen ihn dabei Richtung Füllung. Mit dem linken Daumen drücken Sie die Füllung stets etwas nach unten. Mit dem rechten Zeigefinger drücken Sie erneut ein Stück Teigrand in Richtung des linken Daumens. Drücken Sie den Teig stets an. Diesen Vorgang wiederholen Sie, bis der Teig die Füllung wie ein Säckchen umschließt. Setzen Sie diese in einen eingefetteten Dämpfeinsatz.
Die Momos 5 bis 7 Minuten dämpfen und heiß servieren.

Festtagsgebäck

ཁ་ཟས། / *Khabse*

für 30 Stück

100 g Butter
75 g Zucker
500 g Mehl
Öl zum Frittieren
Puderzucker

Die Butter zerlassen, mit dem Zucker und ⅛ l Wasser zum Mehl geben und alles zu einem festen Teig verkneten. In drei Stücke aufteilen und jedes auf einer bemehlten Arbeitsfläche etwa 1 cm dick ausrollen. Längliche Rechtecke ausschneiden, die an der kurzen Seite in ein Dreieck verlaufen. In die Mitte längs einen Schlitz schneiden, das eine Teigende durch den Schlitz ziehen und so eine Art Schleife formen.
In heißem Öl goldbraun frittieren, auf Küchenpapier legen und mit Puderzucker bestreuen.

Blättriger Festtagskuchen

སྒང་ཁང་བག་ལེབ། / *Sang'ga Baaleb*

für 30 Stück

50 g Butter
500 g Mehl
Butter zum Bestreichen
Öl zum Frittieren
Puderzucker

Die Butter zerlassen, mit 200 ml Wasser zum Mehl geben und alles zu einem festen Teig verkneten. In drei Stücke aufteilen und jedes Stück auf einer bemehlten Arbeitsfläche so dünn wie möglich ausrollen. Eine Teigplatte dünn mit geschmolzener Butter bestreichen und zusammenrollen. In 3 bis 4 cm lange Rollen schneiden und von der nicht geschnittenen Seite 8 cm lang ausrollen.
In heißem Öl goldbraun frittieren, auf Küchenpapier legen und großzügig mit Puderzucker bestreuen.

Wenn Sie den Teig nicht selbst zubereiten, aber dünn ausrollen möchten, können Sie ersatzweise Filiteig aus türkischen Lebensmittelgeschäften verwenden und diesen mit Butter bestreichen.

Getränke
Thungchä

འཐུང་ཆས།

Buttertee und Gerstenbier (Chang) sind die Lieblingsgetränke der Tibeter. Da der Körper in der trockenen Luft des tibetischen Hochplateaus schnell Wasser und Elektrolyte verliert, nehmen die Tibeter von dem einen oder anderen in reichlicher Menge zu sich. Besonders der leicht gesalzene Buttertee, ihr Nationalgetränk, erfreut sich großer Beliebtheit.

Chang, das tibetische Gerstenbier, wurde ursprünglich nur zu besonderen Anlässen gebraut. Heute wird es vor allem nach der Arbeit, von vielen aber gern auch häufiger getrunken. Auf Festen und Feierlichkeiten darf es keinesfalls fehlen. Da es aufgrund seiner toxischen Wirkung zu den Rauschmitteln zählt, ist sein Genuss den Nonnen und Mönchen verboten.

Buttertee
བོད་ཇ། / *Böödscha*

Buttertee, wie er in Tibet getrunken wird, ist ein einzigartiges Getränk. Wenn er als das Nationalgetränk der Tibeter bezeichnet wird, dann allerdings eher aus dem Grunde, dass jeder Tibeter früher tagtäglich viele Tassen davon trank. Buttertee ist zweifellos das ideale Getränk, um den extremen klimatischen und topografischen Gegebenheiten des Landes am besten zu trotzen.

für 6 Tassen

4 TL Darjeeling-Teeblätter
50 g Butter
¼ l Milch oder
100 ml süße Sahne
½ TL Salz

1 l Wasser zum Kochen bringen, die Teeblätter hineingeben und etwa 8 Minuten kochen. Durch ein Sieb gießen und mit Butter, Milch und Salz im Mixer aufschlagen.

In Tibet fügt man aufgrund der besonderen klimatischen Umstände etwa einen gestrichenen Teelöffel oder sogar noch etwas mehr Salz zu. In europäischen Breiten sollte man – schon der eigenen Gesundheit halber – mit nicht mehr als etwa der Hälfte eines gestrichenen Teelöffels salzen.

Schwarzer Tee

ཇ་ཐང་། / *Dschathang*

Wenngleich Buttertee noch immer der beliebteste Tee in Tibet ist, wird heute mehr und mehr auch schwarzer Tee getrunken. Viele Tibeter trinken ihren Tee jedoch bevorzugt mit etwas eingerührter Butter. Sie glauben, dass dies gut für ihre Gesundheit ist. Früher wurde schwarzer Tee vor allem von der Oberschicht an Nachmittagen im Wechsel mit Drudang getrunken.

für 6 Tassen

3 TL Darjeeling-Teeblätter
¼ TL Soda

1 l Wasser zum Kochen bringen, Teeblätter, ½ TL Salz und Soda hineingeben und etwa 5 Minuten kochen. Durch ein Sieb gießen.

Jasmintee

ཅིན་དྲ། / *Tschindra*

Der Jasminstrauch wächst im Osten Tibets. Vermutlich haben die Tibeter das Trinken von Jasmintee aus dem chinesischen Kulturkreis übernommen.

für 6 Tassen

3 TL Jasmin-Teeblätter

1 l Wasser zum Kochen bringen, die Teeblätter hineingeben und etwa 5 Minuten kochen. Durch ein Sieb gießen.

Süßer Gewürztee

ཇ་ངར་མོ། / *Dscha Ngarmo*

Gewürztee ist sehr beliebt bei den Tibetern, die in Indien leben. In Tibet selbst wird er in der Regel kaum getrunken.

für 6 Tassen

3 Kardamomkapseln
1 dünne Scheibe frischer Ingwer
3 TL Darjeeling-Tee oder 3 Beutel schwarzer Tee
½ l Milch
nach Geschmack: Zucker

Ingwer und Kardamomkapseln in einem Mörser zerstoßen.
½ l Wasser mit den Gewürzen zum Kochen bringen, die Teeblätter hineingeben und etwa 5 Minuten kochen. Durch ein Sieb gießen. Milch und Zucker zum Tee geben und alles einmal aufkochen.

Joghurt-Getränk

དར་ར། / *Dara*

Dara ist der tibetische Begriff für Buttermilch. Verwendet wird er auch für die indische Lassi, die von den Exiltibetern gerne getrunken wird. Anstelle von Honig kann man das Fruchtfleisch einer Mango mit den genannten Zutaten pürieren. Auch anderes Obst wie Banane, Apfel oder Erdbeeren eignen sich für das Joghurt-Getränk. Insbesondere an heißen Sommertagen sorgt es für angenehme Erfrischung.

für 3-4 Personen

500 g Joghurt
4-6 EL Honig oder Zucker
8 Eiswürfel

Alle Zutaten in einem Mixer pürieren.

Gersten- oder Reisbier
ཆང་། / *Chang*

Zumeist brauen die Tibeter Gerstenbier, aber auch aus Reis, Weizen, Mais, Hafer und Hirse wird Bier gebraut. Am einfachsten läuft der Brauprozess mit Reis. Es ist nicht üblich, das Getreide vorher zu rösten, doch ist dies den Tibetern auch nicht unbekannt.
Chang wäre in einer der deutschen Aussprache entsprechenden Transkription eigentlich »Tschang« zu schreiben. Da sich die englische Transkription mittlerweile eingebürgert hat, wird sie auch hier verwendet. Chang wird in Tibet ganzjährig gebraut und bevorzugt mit einem dünnen Bambusrohr getrunken, das einem Strohhalm gleicht.

einige Tage vorher beginnen

1 kg Gerste oder Reis
2 TL Bierhefe
2 TL Zucker

Die Gerste waschen, in 4 l Wasser zum Kochen bringen und gar kochen. Auf einem Tuch ausbreiten und auskühlen lassen, bis sie lauwarm ist.
Bierhefe und Zucker im Mörser miteinander vermengen, bis sich eine puderige Masse ergibt. Diese über die Gerste verteilen und alles gut miteinander vermischen. Die Gerste in ein Gefäß geben, zum Beispiel einen Plastikeimer, eine Tüte oder eine Kanne. Das Gefäß sollte so groß sein, dass die gesamte Gerste darin Platz findet. Luftdicht verschließen, mit einer Decke umhüllen und an einem warmen Ort aufbewahren. Nach zwei bis drei Tagen setzt der Fermentationsprozess ein, was man riechen kann. Falls das Getreide noch nicht gärt, es leicht erwärmen – in Tibet legt man gewöhnlich einen heißen Stein hinein. Auf das fermentierte Getreide 4 l kaltes Wasser geben, einmal verrühren und über Nacht ziehen lassen. Am nächsten Tag die Flüssigkeit vom Getreide abgießen. Insgesamt kann man dreimal Wasser auf das Getreide gießen und daraus Bier brauen. Der Ansatz sollte beim zweiten und dritten Mal jedoch länger

stehen, damit das Bier sein Aroma entwickeln kann. Bei Reis-Chang lässt sich aus dem Ansatz nur einmal Bier herstellen.
Tibetisches Bier wird kalt oder auch leicht erwärmt getrunken. Wird Bier erwärmt, süßt man es leicht mit Zucker.

Warmer Bierpunsch
ཆང་བསྐོལ། / *Chang'go*

Chang'go wärmt den Körper und wird während des kalten Winters und insbesondere zum tibetischen Neujahrsfest getrunken.

500 ml Chang (Seite 150)
100 g Feta oder Haloumi
50 g Rosinen
4 EL Tsampa (Seite 131)

Chang und ½ l Wasser zum Kochen bringen. Den Käse in Würfel schneiden und mit den Rosinen hinzufügen. Das Tsampa mit kaltem Wasser anrühren und in den heißen Bierpunsch rühren, um ihn zu binden.
Noch heiß in Schalen servieren.

Anstelle von Feta oder Haloumi wird in Tibet Chura Kampo verwendet, getrockneter Käse, der nicht durch Hitze zerläuft.

Hirsebier
མོན་ཆང་། / *Mön Chang*

Hirsebier trinkt man nicht nur kalt, sondern auch warm: Es wird in spezielle Holzbecher gefüllt und heißes Wasser zugegossen. Hirsebier trinkt man gewöhnlich mit einem Bambusrohr.

einige Tage vorher beginnen

1 kg Hirse
4 TL Bierhefe
3 TL Zucker

Die Hirse waschen, in 4 l Wasser zum Kochen bringen und so lange kochen, bis die Hirse gar ist und das Wasser aufgenommen hat. Auf einem Tuch ausbreiten und auskühlen lassen, bis sie lauwarm ist.
Bierhefe und Zucker im Mörser miteinander vermengen, bis sich eine puderige Masse ergibt. Diese über die Hirse verteilen und alles gut miteinander vermischen. Die Hirse in ein Gefäß geben, zum Beispiel einen Plastikeimer, eine Tüte oder eine Kanne. Das Gefäß sollte so groß sein, dass die gesamte Hirse darin Platz findet. Luftdicht verschließen, mit einer Decke umhüllen und an einem warmen Ort aufbewahren. Nach drei bis vier Tagen setzt der Fermentationsprozess ein, was man riechen kann. Falls das Getreide noch nicht gärt, es leicht erwärmen. Auf das fermentierte Getreide 4 l kaltes Wasser geben, einmal verrühren und über Nacht ziehen lassen. Am nächsten Tag die Flüssigkeit vom Getreide abgießen. Insgesamt kann man dreimal Wasser auf das Getreide gießen und daraus Bier brauen. Der Ansatz sollte beim zweiten und dritten Mal jedoch länger stehen, damit das Bier sein Aroma entwickeln kann.

Rezeptregister

Stichwortregister

Die *kursiven* Seitenangaben verweisen auf Texte, die den Begriff erläutern, die übrigen auf Rezepte, in denen diese Zutat eine wichtige Rolle spielt.

In der Reihe **»Gerichte und ihre Geschichte«** erschienen:

Hamidullah Kabuli Kohgadai
◆ Afghanisch kochen

Martínez Paternina
◆ Das Anden-Kochbuch

Magdi und Christine Gohary, Brahim Lagunaoui
◆ Arabisch kochen

Stefan Ullmann
◆ Australisch kochen

Moema Parente Augel
◆ Brasilianisch kochen

Brigitte und Elmar Engel
◆ Indianisch kochen

Madhur Jaffrey
◆ Indisch kochen

Jürgen Schneider
◆ Irisch kochen

Elisabeth Veit
◆ Kanarisch kochen

Birgit Kahle
◆ Kubanisch kochen

Beate Engelbrecht, Ulrike Keyser
◆ Mexikanisch kochen

Magdi und Christine Gohary
◆ Orientalisch kochen

Ketsela Wubneh-Mogessie
◆ Ostafrikanisch kochen

Parwin Vormweg
◆ Persisch kochen

Magrit Liepe
◆ Polnisch kochen

Márcia Zoladz
◆ Portugiesisch kochen

Irina Carl
◆ Russisch kochen

Anne Iburg
◆ Schwedisch kochen

Hans-Ulrich Stauffer, Hanspeter Fontana
◆ Südafrikanisch kochen

Tsering Mendrong
◆ Tibetisch kochen

Bânu Yalkut-Breddermann, Hajo Breddermann
◆ Türkisch kochen

Peter Meleghy
◆ Ungarisch kochen

Jojo Cobbinah, Holger Ehling
◆ Westafrikanisch kochen

... außerdem:

Jacob Blume
◆ Mit Lust die Welt verschlingen
Die sinnliche Küche Afrikas
◆ Das Buch von guter Speise
Mittelalterlich kochen

Die Bücher sind mit Farbtafeln ausgestattet, fest gebunden und kosten jeweils 16,90 €.

www.werkstatt-verlag.de

Dank

Dieses Buch wäre ohne die vielen großen und kleinen Hilfen und Ratschläge, die ich von klein auf von meinen Eltern und später von meinen Geschwistern und Freundinnen bekommen habe, nur schwer vorstellbar geworden. Erwähnen möchte ich zunächst drei Personen, denen ich besonders viel verdanke. Meine Mutter Phurbu, die mir den Wert unserer Küche vermittelte, meine Schwester Rinzin, die mir das Shambala-Restaurant bei ihrer Auswanderung nach Amerika überließ, und nicht zuletzt meine Bonner Freundin und Jinpa Sangmo, die im Rheinland für ihren Party-Service mit asiatischen Gerichten berühmt ist und mit mir zahlreiche Rezepte für dieses Buch nochmals besprach. Die bekannte Kochbuchautorin Anne Iburg beriet mich bei der Konzeption des Buches und half mir in vielen technischen Fragen. Kai Precht leistete mit seinem Lektorat hervorragende Arbeit und gab dem Ganzen in sprachlicher Hinsicht den letzten Schliff. Annette Everding half mir bei der Gestaltung und Ausleuchtung mehrerer Fotos. Nicht zuletzt danke ich Herrn und Frau Beckenbach, die mir großzügigerweise zwei Fotos überließen.